U0002788

飛翔的一條線

一條線

FLYING THREAD

蕭麗華 著

天使的媽媽

唐氏症基金會董事長 **林正俠**

「飛翔的一條線」是天使媽媽拉著希望的一條線，是天使媽媽用愛牽引的一條線，是震盪人性良善的一條線。

在許多輔導課程中，也常用線條來比喻人的一生，學員們會嘗試著描繪出自己生命的歷程。在現實生活裡，每個人也有專屬的生命線，然而，該怎麼去刻畫這條線，卻是人生的一大挑戰。這條每個人都要走的人生路，連唐寶寶也不能例外；生命究竟是該如何揮灑，完全取決於我們如何去看待自己的生命價值。

在臺灣，每 1263 名新生兒中，就有一位是唐氏症兒，基因突變是造成罹患唐氏症的主因，也因此導致唐寶寶在生理上擁有生長遲緩、智能障礙、張力較低、骨骼肌肉系統缺失及先天性心臟疾病等現象。不過，生下唐氏兒的機會是會隨著懷孕年齡的增加而提高，現代社會晚婚比率越來越高，這也是衛生署建議 34 歲以上的高齡產婦，最好透過母血篩檢及羊膜穿刺術檢查的原因。

每個生命都有其存活的權利，一旦在產檢中即使篩檢出唐氏症，父母親也應該做好調適，並尋求相關機構的諮商與協助，以理性的態度來決定唐氏兒的未來。

　　有些唐氏症兒會有先天性疾病，出生後必須經歷長時間的治療與照護，醫院社工人員會在寶寶出生後，協助父母做適當的醫療轉介。面對唐寶寶，父母親更需要以克服的心理及耐心的態度，給予孩子關愛及反覆教導，提供良好示範，讓孩子從經驗中探索學習的機會，同時多採取鼓勵的方式，幫孩子建立好的學習動機。有鑑父母在養育上面臨的教養困難，「唐氏症基金會」不僅幫助唐寶寶，更長期提供家長有關醫療以及照顧上的建議與幫助，希望讓父母能在陪伴孩子的人生道路上走得更順利。

　　因此，舉凡唐氏症者的早期療育、日間照顧、職能訓練、多元就業、整合醫療，以及針對唐氏症家庭所提供的關懷輔導、支持陪伴、專業諮詢、喘息服務，乃至於為社會大眾所作的預防宣導、志工服務訓練、企業體驗與爭取唐氏症者的各種權益與福利等，都是希望能讓大眾進一步認識唐寶寶，讓他們有機會發揮潛能，參與社區活動，減輕國家負擔，以造福社會。也希望讓社會大眾能不斷給予唐氏兒瞭解、接納、陪伴、扶持、回饋與鼓勵，讓他們有更多的機會高聲大笑！

蕭麗華老師用她的生命歷程，完整陪伴、教育、訓練、照護她的孩子，犧牲自己的工作理想，減緩自己向外衝刺的爆發力。為了孩子，她經歷每個天使媽媽都會經歷的心路歷程，遇到同樣困難的掙扎，然而她卻以喜悅去面對，用更多的愛來奉獻。對一個罹患唐氏症的小孩，能克服困難地唱歌、挽面、騎車、單輪表演、踩大球，這些都看出孩子的努力，也可以體會出母親這些年用愛灌溉的心血。

　　對所有的媽媽來說，看著孩子一步步成長總會有數不盡的擔心；唐氏症者在三十多歲就開始出現老化現象，更讓操勞一生也漸漸步入中老年的父母，無法放下心中的牽掛。他們心中默默期盼孩子能有一技之長和生活自理能力，能有一個安全健康的照護體制及環境，令老年生活可以得到妥善的照料。

　　因此，更呼籲社會大眾、企業團體，可以一同來正視唐寶寶議題，共同創造一個友善的環境，讓人人都以一顆敞開的心，接納唐氏症者，理解差異，平等相待，讓唐寶寶也有機會長大。

　　最後，再以最誠敬的心感恩蕭麗華老師，感謝您的愛，感謝您對基金會的長期支持。

林正俠　2015/12/26

推薦序 >>>>>

讓世界和平成為
生活中最真實的幸福

世界和平婦女會臺灣總會會長 **林理俐**

　　世界和平婦女會的宗旨是：「凝聚婦女力量，善化我們的家庭與社會。」建立真愛健全的道德社會，透過女性真愛的心情力量貢獻世界和平。蕭麗華女士以她實際的行動為本會奉獻，也以真切地熱誠持續在社會推動符合本會宗旨的善行義舉與事業發展。

　　蕭麗華女士與其夫婿共同創立的「召寶」公司，秉著助人為善的精神，長期不斷地投入時間與精神來推動疾病傳播的防治，與自然災難發生時的準備物資。2003 年 SARS 時期，正因為他們所代理的 N95 口罩，讓 SARS 產生的恐慌能夠大幅降低，也阻撓了疾病的不斷延燒。臺灣是地震的好發地帶，921 的崩然，想必大家記憶猶新，因此家家戶戶若有緊急災難包隨侍，必然能夠在萬一時倖免於難。

　　此外，在女性時代來臨之際，蕭女士創立了「臺灣美容技藝發展協會」，希望能為女性的尊嚴與自主權貢獻一己之力。雖然，她謙虛地說只是為社會付出略盡棉薄，但因此善

念與正面力量的累積與集結，才能在社會的每個角落遍地開花。

現今，許多婦女面臨二度就業的困難及新住民婦女缺乏經濟生存能力，因為技藝發展協會的協助而萌生希望，受益者不只是婦女個人，而是數以百千計的家庭。

巧婦難為無米之炊，具有經濟獨立的能力，才有尊嚴存在的可能，這是務實的思維方向。因此蕭女士藉由技藝的傳承，以及身心靈的重建，療癒這群對生活茫然的婦女，讓她們重燃對人性的信心及對生命的渴望。

蕭女士身患乳癌，又有照顧唐氏症子女的重責，她卻不怨天尤人，更熱心投身於公益活動，並長期在女子監獄從事教育與輔導，因為她認為社會中還有許多女性比她更受苦，更需要幫助，她願意奉獻一己之力，用愛彌補社會各角落的缺憾，宛如和煦陽光，照亮人心，帶來光明與希望。

蕭女士最初因著「世界和平婦女會」的理念深受感動而加入為永久會員，一直以來都身體力行本會「真愛利他」的精神理念，她的實踐力讓我深感佩服，本人很榮幸為蕭女士人生的第一本大作《飛翔的一條線》寫序，在此誠摯地推薦本書，因為蕭女士堪為女性真愛的典範，盡己所能綻放生命的光芒，通過落實幸福家庭與社會服務更是世界和平的基

石。相信這本書會激發更多女性綻放生命潛能，期待更多人共同參與，讓世界和平不再是口號，而成為生活中最真實的幸福。

林理俐 2015/12/22

人文藝術綻放的花朵
崇尚人文羅聲響，扭轉乾坤永祥和

新北市議員 羅文崇

身為代表永和區域的新北市議員，我當然對永和有一股責無旁貸的使命感。文化、藝術、環境保護、社區發展、地方建設、健康身心靈、婦女關懷、就業機會、弱勢團體的照顧等，都是我非常關心的市政方向。

然而本書的作者蕭麗華長期以來就以實際的行動，在婦女、就業、弱勢、文化、藝術等事項不遺餘力。其創辦的臺灣美容技藝發展協會也同步持續的在這些方向努力。本書的誕生，文崇已期待多年，而今終於能見其出版，如同鑽石的閃亮，感動不已。

本書完稿，在今夜我已全然閱畢，對過去作者的心酸血淚才方知一二，著實讓文崇更燃起百般的敬意。永和能有這樣的偉大女性當鄰居，實在是榮幸不已。世界能有這般奇女子，果真令人驚嘆。而本書的問世，更是璀璨了新北市民的人文素養。

本書如同香水，有著前中後三個調性，

前調賺人熱淚，令人不捨；

中調鼓舞人心，令人激動；

後調大愛蔓延，令人深省。

閱讀本書，蕩氣迴腸，餘音繞樑，感同身受。

這是一本女性的奮鬥故事，是一本激勵書，更是潛能開放的能量撞擊。我，羅文崇強力推薦這本《飛翔的一條線》！讓我們一起遨遊幸福的天空！

羅文崇 2015/12/25

誰能不動容

中央廣播電臺主持人 **石元娜**

　　麗華的童年，父親是市民代表主席，很年輕就中風了，跟二太太住在一起，母親在麗華未及上小學時狠心丟下她們離開不再回頭，當時最年幼的妹妹還不到 3 歲！偉大的奶奶帶大了 9 個孫兒孫女！

　　奶奶 18 歲生麗華父親，36 歲守寡！卻能以會養會的方式拉拔成就麗華父親成為市民代表主席又將孫子女們扶養長大……8 年多前去世時，奶奶是以 90 多歲高齡壽終正寢的。

　　麗華回憶起某個颱風夜，父親意外在家住了一晚……小麗華幾度起身悄悄走到父親身邊看著熟睡中的父親，這是她有記憶以來唯一一次感受爸爸在身邊的幸福。

　　學校裡不讓鬚眉的她唸的是土木系，畢業後曾在捷運局當工程師，認識了溫和善良的金志組成了小家庭，30 歲生煒崴！當初在大家期盼中誕生的小天使，居然是患有先天心臟病及唐氏症的娃娃，可想而知麗華及金志全家人受到

的震撼跟衝擊了。

　　接受及面對是謝金志全家人的選擇，他們用包容、用智慧、用愛心、用毅力把一個原本不會吸奶，學走路時哭的淒慘無比的小奶娃煒崴教育成今日人人誇讚的小紳士！

　　這一路走來的心情轉折——家庭、孩子、病痛、教學、公益，遺傳自奶奶的堅毅精神在她流暢文筆下開出朵朵燦爛花朵。讀她的文章妳能不動容！我輸給妳！

石元娜 2015/12/26

我的第一本書

這本書已寫了 10 年，具體來說已寫了 45 年，但始終未整理發行，感謝總編輯許宏大師的協助，終於能夠在 2016 年的春天與大家見面。

我知道非常多的姊妹、好友、學生都非常期待，其實我比任何人都興奮，因為我不只希望見證自己的堅韌與卓越，更希望能夠引導有緣人與我共同飛翔。

「飛翔的一條線」，不只是蝶式挽面的那條棉線，不只是祖孫情感不因天人永隔的一線牽，更是大愛蔓延拉起的正能量連線。

我們將本書分成三大單元：

壹、成長的淬鍊；

貳、奉獻的蛻變；

參、大愛的蔓延。

成長的淬鍊洗滌著生命的春夏秋冬；

奉獻的蛻變頓悟著寰宇的酸甜苦辣；

大愛的蔓延延續著精神的起承轉合。

一篇篇的文字都是血淚與感動的交織，一段段的語句盡是力爭上游的激勵。

　　邀請您一起品嚐、推薦、延展這本書，願您快樂每一天，幸福滿人間。

　　這是我的第一本書，我將它獻給我的家人，麗華聚樂部的姊妹們，以及所有在我生命中出現過的每一個人。同步遙祭我最愛的阿嬤。

　　阿嬤，我沒讓您失望，我做到了！

　　我是您的孫女蕭麗華，我真的好想您！我愛您！

　　希望這本書您也看得見……

蕭麗華 2016/1/1

愛的飛翔

言武門創辦人／ HYBT 莊陽生物科技集團執行長 **許宏**

感恩作者蕭麗華老師，讓許宏有參與本書編輯的機會，浸潤在這一場充滿驚嘆號的靈性洗滌中，滿心感動。

當我看著作者的初稿，一頁頁、一字字的品嚐，早已不知多少次的哽咽斷腸。

若說本書是故事書，那麼絕對是經典的女性傳奇；

若說本書是傳記，那必然是最感人肺腑的一本鉅作；

若說本書是激發人性的勵志記錄，那肯定是極品之最。

為什麼？

就因為本書的真誠而不造作，寫實而不矯情，堪稱書海中的一股暖流。

當你正在困境中，讀此書，將有突破重圍的力量；

當你感覺人生淒冷，閱此冊，便有重拾希望的勇敢；

當你不知如何經營你的婚姻、家庭與事業，綜觀全文，便

能豁然開朗。

　　飛翔的一條線，隨風飄蕩，卻從來沒有放棄的思想。作者以其堅韌的鬥志，戰勝了生命的所有挑戰。在彌補自己缺憾的過程中，找到了愛的光亮，更找到了自我定位的價值。

　　因為，蕭麗華不但讓自己遨遊天際，更以具體的行動證明蛻變的緣起於決心，奉獻來自於使命的當然。

　　春夏秋冬皆暖陽，

　　酸甜苦辣已自嚐，

　　起承轉合如箏線，

　　扭轉乾坤正飛翔。

　　愛在心念到達的每一個地方。

　　　　　　　　　　　　　　　　　　許宏 2016/1/6

一條線

詞曲：許宏

一條棉線牽動的驕傲

來自阿嬤溫暖的懷抱

凌亂的年少

交錯的苦惱

編織成蝴蝶羽翼越飛越高

我穿梭在生命無奈的花草

不斷尋找可以歇腳的依靠

我隨風飛舞跳躍在雄蕊的蕾苞

為自己獻上無比的榮耀

一條線拉扯心中放不下的情罩

卻也解開困惑的鎖鑰

一條線維繫我希望的美妙

也挽出我靈魂的目標

壹. 成長的淬鍊

貳. 奉獻的蛻變

參. 大愛的蔓延

·壹·
成長的淬鍊

飛翔的一條線

有人形容生命如同風箏，
命運就像拉著風箏的線，
主宰著一切，隨風飄蕩。

或許這是一般人的生命，卻不是我的。因為我不想當風箏，也不想當那條線，而是控制線的那雙手。

有記憶以來，我就是飛不起來的風箏，
風很大，卻只是往下吹，
風箏很美，只是雨更大。

我找著那條線，線卻虛無縹緲；
我找著那雙手，雙手卻離我好遠。

我有著慘不忍睹的童年，有著別人無法想像的成長歷程，有著一波波接踵而至的考驗，把我打進了深淵。

我哭喊，但沒人聽得見。我求救，卻沒人在我身邊。我從懸崖下望向天邊，以為天就是那麼一丁點。即使是一線天，依舊是我的天。

我跳躍，卻跳不上去。我攀爬，卻摔傷了肩。我終於發現，原來我必須學習運用工具，才能離開這萬丈深淵。

我在谷底奔跑，練就體能。我不斷勤練攀岩，養壯臂膀。我拔起了地上的芒草，結成鞭，綁上了崖壁垂下的藤蔓。我一步步往上攀升，不知經過了多少晝夜，突然間我似乎聞到了佳餚的美味，一鼓作氣重新回到了人間。

　　原來人間就是我的天。

　　一陣風徐吹過來，感受簡單的自在如神仙。

　　我找到了一條失去方向的線，孤伶伶地攤在那邊。竟然這一條就是我跌入谷底前帶在身邊的線。

　　我綁上了枝葉，風卻從谷底竄來，將枝葉吹上了天。我輕拉著線，感受力量拉扯的瞬間，才發現這條線，不曾離開我身邊。此刻枝葉的飛翔更是如蝴蝶般的美。

　　原來老天的安排，盡是生命學習的磨練。

　　我感恩著，我擦乾淚，原來我的使命正是「帶給其他生命更美好的明天」。

我可以，你也可以

有人問我，為何在此刻才寫這本書。

其實這本書動筆至今已近十個寒暑，只因為希望見證與歷練更多的體悟，才敢呈現在世人的面前。不為沽名釣譽而創作，不為名留青史而動筆。

正確來說，這本書已經寫了45年。我用45個春夏秋冬，披星戴月，不曾停歇，用血淚記錄了這靈魂翻滾的痕跡。每一篇都是椎心的點滴，每一字都是躲不掉的美，因為煎熬後的湯頭才有甘美。

我曾經想留下點歷史讓自己回味，也曾經想紀念這段不堪回首的旅程。我曾經埋怨，曾經恨天，因為這不該是我弱小生命的經驗。

如今，我已走過！

穿越了曾經的難過！難過雖然不好過，但一定會過。因此我反而感念曾經歷練的難過，沒有曾經的難過，哪來今日自在的感受。

我曾經是醜小鴨，永遠無法凝聚旁人的視線。但我往內修煉，卻意外聚焦了亮眼的光輝。

我曾經走在抉擇的斑馬線，看著閃耀的杯中酒精浸薰的金錢，我感恩自己沒有讓智慧昏睡。

　　我燦爛的奮鬥，來自可遇不可求的摧殘，恰似毛蟲作繭自縛的體驗。

　　在繭中，我沉澱，忍受細胞分化的疼痛淬鍊。
這一天，我咬破了繭，從細微空洞中看到了外面的世界，這一次我才知道宇宙的美。

　　我離開了繭，展開蛻變的翅膀，輕輕拍打，迎風飛向天。
我回頭望了一眼，曾經令我困惑的繭，原來那是美麗的實踐。

　　這一刻，我突然發現，
　　原來我來自古老的天邊，
　　重新歷練，只為了讓自己與全世界的生命看見。

　　美，不是無緣無故的天意。
　　要美麗，必須自己願意。
　　短暫的美麗，可以靠科技；
　　生命的美麗，只有靠自己。

　　我可以，你也可以！

我是誰

我常在想我是誰，我究竟從何處來，又該往何處去。

我並不想探究玄妙的命運，因為我始終相信命運掌握在自己的手上。

其實，說到這裡已經產生矛盾，因為從小的一切，就沒有什麼是自己可以掌控的，所以才有這麼多的傷痕。

1970 年 5 月 15 日我來到了人世間，金牛座 O 型的我似乎應該決定了我的個人特質，然而並沒有，因為我讓自己學習各種星座的優點，踢掉了缺點與缺憾。

我總希望做到最好，近乎吹毛求疵，但這是對我自己的要求。缺乏安全感，是 40 多年來沒有療癒過的細胞記憶，我希望能幫助別人，卻忘了幫助自己，我希望能夠療癒別人，卻忘了自己也需要被療癒。

我，似乎在矛盾中鑽著牛角尖，但我對目標的堅持與前進卻是不假思索，因為我要求自己必須達標。我像田單復國時，矇上雙眼，點上火尾衝鋒陷陣，只為了達成自己不斷給自己的目標。

是的，我是都做到了，卻也只能在黑暗中，靜靜的舔拭

著自己的傷口。我似乎不願意被療癒，因為我不允許任何人看到我自己的脆弱，包含我自己。

我總是幸運的得遇貴人，不管多大多小的幫助，我都感激在心。受人點滴，泉湧以報，是我一路走來感恩的基本方式。我也不斷的願意當別人的貴人，雖然有時幫錯了人，卻也沒有阻擋我持續幫助的心與行動。

我情緒度很高，很熱情，是個工作狂。我會為了一項任務，將身邊所有的事情擺在一旁，因為我不允許自己沒有全力以赴，完美的呈現。

或許，就是因為這樣的特質，讓我生病了，讓我罹患了癌症，但依舊不改原貌。在精神稍好的狀況下，我猶如一頭勇猛的獅子，如同裝甲般的戰車，繼續向前邁進。

我很有智慧，因為我知道自己所做的事，對這世間是有意義的，也知道自己是一個真正良善的人。寧可自己吃大虧，也不願別人受傷害。

我信守承諾，從來都是。因此，我當然希望我周邊的人也是如此，而不叫人失望。雖然偶爾看走了眼，但我對人性並不絕望。

我給自己不斷充斥正能量，因為我相信如此，正能量也

將感染我所出現的每一個地方。

是的，我是獨立的，我是堅強的，我是女人，但骨子裡根本是個男人。我倔強，我不想輸，我一定要贏。我在跟自己比賽，我要贏過每一個自己的現在。

這是在生命靈數上看到的自己，是的，真準。

但，重點不是準，而是也給了我自己新的方向。

我會努力讓自己更加安然，也開始療癒自己，因為只有延續我更健康的生命，才能做更多有意義的事，也才能產生更大的幫助力道。

因為幫助，我願意！

我是誰？這就是我！

維希

維希維希，維希是誰？

維希就是我，蕭麗華。麗華在臺灣有數萬人。蕭麗華在臺灣也不少，我以麗華為榮，以麗華為責任，卻維繫著更多人的希望。

被需要是快樂的，被肯定是幸福的。我不但為自己的目標與功課不斷前進，卻也為需要我的朋友而努力。因為她們說我是維持她們奮鬥動力的希望，於是給了我一個名字——「維希」。維希這兩個字也就開始成為了我不斷奉獻的使命。

使命上了身，我更忙碌了，卻也增加了成就感。我很害怕自己是否會迷戀這樣的虛榮感，更怕在這樣的過程中著了魔，失去了本心，失去了人性的魂魄，以為自己已有了境界，以為自己已經是神。

然而，在肉體的纏繞下，我知道我並沒有脫離世間繁瑣的束縛，依舊是個皮囊隨歲月老去、病痛隨星辰漸增的平凡之身。

正因為平凡，所以我願意不凡。正因為相同，所以我努

力不同。我讓自己吸納各種不可能，消化，轉變成為可能。

因為，我喜歡，我願意超越自己的能耐，不再只是為了證明自己的存在。而是當別人需要我時，我不令人失望。

在本書中，只要是故事性的敘述，在文章的結尾，我都增加了幾句或一段「維希小語」，這也是我蛻變後的領悟。不再為過往的經歷擾己心，卻為來日的因緣勵其志。

維希是我靈性的名字，是我智慧的成長，我喜歡！

成長的淬鍊

韋瓦第的《四季》是那麼扣人心弦的餘音繚繞，而我人生的四季似乎也同步著呼應。

其實，若說人生有四季，我早已過完了一大半，甚至已重複了多次春夏秋冬的無數輪迴。

但我甘之如飴的體會生命中所有的酸甜苦辣，這樣的起承轉合，喜怒哀樂，豐富了我人生的四季。

這樣的四季強化了我的能力，激起了我的鬥志，讓我不再畏懼寒暑的轉變，因為我已經可以應對寒暑強烈的變化，即使在已經暖化的環境的極端氣候，適應力對我而言已是自然。

春天的到來當然是充滿感激，夏天的燃燒我絕對綻放熱情，秋天的陰霾難免觸景生情，冬天寒冷卻更加充滿鬥志，因為我是不服輸而好勝的靈魂。

四季是最完美的小提琴協奏曲，因為在成群的小提琴合奏中找不到突兀，聽不到跳 Tone，是那麼的舒適，是那麼的療癒。

　　在琴聲聲中看得到畫面，有春天的綠意水波，夏季的慵懶，秋時的豐收，更有冬來的苦盡甘至。

　　我喜歡音樂，喜歡隨著旋律悵然，高歌，激昂。

　　更喜歡在我親身歷練的生命點滴，用豆芽菜般的音符描繪在歲月的五線譜上，展現絕美的旋律。

春

野百合也有春天，我的春天在何方？

幸福的人應該都是在綠意盎然的春天裡吧！是的，我的春天早已來到，在我決定與夫婿步入婚姻的那一刻開始。但，我照著鏡子，我的笑容裡似乎依舊隱藏著憂鬱，我的燦爛中似乎包不住隱約的悲涼。

我以為我是因為創傷記憶從沒遺忘，我以為我是因為孩子的缺憾造成傷感。好友的一席話卻點醒了我……

原來我是害怕再揭開舊傷，因此無從療癒。

原來我是害怕相信，所以沒有安全感。

原來我是必須持續奉獻，才能擁有快樂的成就感。

原來我的歷練是為了感同身受，原來我的艱困折磨是為了鍛鍊能量，原來我的血液裡綻放著菩薩的光。

我正氣凜然，我嫉惡如仇，我充滿了使命感。

於是，我建構事業讓自己更有力量幫助弱勢；

我創造了協會，傳承技藝讓婦女也能走出希望；

我參與公益，讓大愛不斷延伸；

我深入監獄，改造受刑人思維的方向；

我開始將我的故事用文字流傳；

我同聚千百位麗華姐妹，為社會貢獻力量；

我努力讓自己的正能量也能凝聚善知識，義舉共襄。

這些事，讓我充滿能量，讓我樂此不疲。

更遠渡重洋，傳承各種我獨門的技藝。大陸、日本、東南亞到處都有我的足跡。

我感激著她們的珍惜，我感動著她們的需要，我療癒著有緣者的身心靈，我感染著她們的成長與自信，我好滿足。

我原來並不屬於春天，所以我並不習慣。

我原來不在乎自己的春天，因為我只想創造更多人的春天。

讓別人看到我的春天，只是得到羨慕的眼光；讓自己看到別人的春天，我才有真正踏實的心花怒放。

我的四季就是這樣，夏起了開端，秋紅了眼眶，冬滿滿惆悵，春只在我奉獻的地方。

夏

　　5月15日是一個勇敢的日子，因為5代表勇氣，而我有兩個5，此刻已立夏，我就這樣來到了這世間報到。我還來不及感受夏天的美好，秋冬已進入了我的靈魂。

　　在臺灣，5、6月正值冷暖鋒交會，凝滯在天空，不時下起雨來，就是所謂的梅雨季節，空間潮濕，人心煩躁。而我就是這樣的季節出生了，宜蘭水田裡的稻子長長了，而我就如同水牛應景的來了。

　　不一會兒的時間，我開始體會世態的炎涼，這彷彿才是我生命的開端，有記憶以來，童年竟是坎坷的不安。

　　我以為夏天是百鳥爭鳴，百花齊放的時刻；

　　我以為夏天是解開枷鎖，四處遊玩，潑水嬉鬧的風景；

　　我以為我生逢其時，天降甘霖；

　　我以為我出生名門，萬人爭寵。

　　但，我錯了！大人的世界太複雜了。我完全不知真正的父疼母愛的感受是什麼，就連一個不必花錢的擁抱，對我而言竟是如此奢侈。

我人生的第一個夏天，是沒有印象的；

我人生初期的每一個夏天，是沒有溫度的。

我奔忙著尋找太陽，希望抓住一點陽光，原來我編織網子的縫隙太大了，連個餘暉我都留不住。因為別人可以擁有的全然父愛，我必須與太多人共享，而我卻沒有力量，分到一丁點來品嚐。

父親應該是太陽，但陽光總照不到我身上。

母親戰勝了法律，不再需要與人共事一夫，但對我們這些兄弟姊妹也實在太過瀟灑，只留下了背影，只留下了不解的記憶，追求著她的自由。

我忘了她的手是否粗糙，我忘了她的眼角是否有淚光，我忘了她的眼神是否有不捨，我忘了她是否有過親吻我的雙頰，只記得她那越來越模糊的臉龐。

我多麼渴望，在我生病時，是她在我身旁，輕撫著我的頭髮，對我說：「乖乖吃完藥，睡醒感冒就好了，有媽媽在，別怕！」

這一切，竟然都只能是幻想。

但，也因如此，我告訴自己，我要堅強！

秋

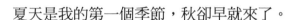

夏天是我的第一個季節，秋卻早就來了。

秋風掃落葉，秋雨淒寒，溫度不是太低，卻也滲入心扉，讓骨寒顫。

夏是我的出生，秋是我的成長，稻子收割的時節。

黃穗綠葉隨風晃，

農民高唱辛苦償，

收割曬穀一倉倉，

燒材煮米飯粒香。

而我必須懂得，到爸爸的另一個家，取回剩下的食糧，換來卻是異母兄弟的一句話：「這些剩飯剩菜拿走了，我的狗吃什麼？」

我震撼，這是我該承受的嗎？但當下已非尊嚴之爭，我吞下了這悲傷，因為我不要姊妹與我同淒涼。吃飽了這一餐，才有明天的氣力與命運抗戰。

窮困的生活，本來就沒有所謂的死黨，因為還得為呼吸溫飽奔忙，姊姊們早就開始上工，而我也必須選擇半工半讀，因為學費與生活，我都必須自己打點。

但，我沒有被打倒，反而練就了十八般武藝，闖蕩江湖。淚是鹹的，因為我夜夜品嚐；腳是凍的，血也快涼了，但是我的心一直是熱的。

我知道我的世界只有我能夠給自己了，我用淚水畫成了前進的藍圖，我用抖動的雙手捧起了自己的幸福，我知道黑夜漫長，我卻也知道天「一定會亮」。

我忘了我需要被疼惜，我忘了我需要被呵護，我把自己當成海龍空降三棲特遣部隊一樣操練，我忘了我是女孩，完完全全的忘了。

秋天，幸福的人才能為賦興詞強說愁，我連發愁的時間都沒有。我克服了金錢閃耀的誘惑，雖然我真的需要它。我寧可在血汗中拚搏，卻也不讓自己淪落，因為我知道出賣靈魂是讓自己越陷越深的泥沼。

經過了地獄般的煎熬，我想再苦也只有這樣了。我大專畢業了，我到捷運局上班了，我推掉了文書的工作，不吹冷氣，選擇在工地裡與兄弟們打拚，因為我是「工程師」。

到了這裡，我的秋天算是過了。接踵而至的卻也是一連串的幸福，我的丈夫體貼我，我的公婆疼愛我，兒子孝順，我很滿足。這算是苦盡甘來的秋收吧！

冬

冬天的開始是幸福的，是快樂的。

因為我已經不必再拿木板當被子，也已經不必再於寒風中餓肚子，更不必在傷心落淚時，只能望天對空氣說話。

同樣金牛座的老公給了我滿滿的愛，他應該是我這輩子最好的朋友了。我的不安被他填滿，我的傷痕交給他看管，我很快樂，我很幸福。

我有了兩個孩子，不一樣的狀態，不一樣的期望，但卻都是我心中的暖陽，讓我所有的遺憾都能在他們的身上得到補償。

那麼，這個冬天應該是個暖冬吧！

誰知，癌症找上門，女人的自信被切掉了一半，此刻我確實茫然。還好兒子的一句話，瞬間溶化了心中的冰山。

我曾為了癌症，想要停滯我的理想，因為沒了健康，再多的銀兩也是枉然。我回顧著多年來奮鬥的過程，我用堅強遮掩了健康，我用奮鬥歷練了滄桑，用健康換來了成就，換來了希望。而今卻用金錢再想贖回身體的健康。我希望，還不晚。

我知道，我還有很多責任在肩上，我知道還有很多理想沒著床，還有更多的精神待發揚。

我並不恐懼，卻有些失望。但，失望也幫不上忙，所以我再度反求諸己，再度希望自己的靈魂能夠打贏這場意志力與病魔的交戰。

我恰似積極卻又消極地接受治療，我把理想都暫時擱一旁。但，我發現如此一來，我的心反而迷惘，因為我似乎失去了方向。

我開始運用各種非正統的療法參與了作戰，包含保健食品與各種方式，包含芳香療法與氣功調養。然後，我繼續披掛上陣，因為我是工作狂，在付出幫助的過程中，我才能找到自己的價值，也才能明白生命的意義在何方。

這一天，我雀躍著，我的各種健康指數皆已好轉。應該是老天憐憫，聽到了我的願望，我希望老天能夠再多給我一些時間，用我的生命故事，照耀每一個需要我的地方。

因為，我是正能量，我可以持續奉獻我的光芒，因為我也是太陽，不讓冬天只有蒼涼。

生命的回顧

我

跨過一次又一次的人生幽谷

實現了一個又一個的夢想

發現原來這一切的力量

都因為

成功始於夢想

相信「自己」

相信「努力」

逆境帶大的孩子

一樣可以有夢想

　　我的人生，前 20 年充滿了不幸、悲憤與自卑，家庭所帶給我的陰霾，長時間的跟隨著我。

　　20 歲生日那一年，我躲在房間裡，為自己慶生，6 吋的奶油小蛋糕插上兩支彩色的蠟燭，在搖曳的燭光下，嘴裡哼著生日歌曲一遍比一遍拗口，臉上的淚珠一行比一行

多……

　　燭火黯淡下來了，我擦乾眼淚許下承諾：「以前種種譬如昨日死，以後種種譬如今日生，不再把家庭中的不幸，帶到我未來的日子裡，我將放下這一切，從 20 歲開始新的人生。」

　　獲得新生的我，回想第一次拿到教育部獎學金，師長的鼓勵、肯定，同學羨慕的眼光，讓我的信心提升了，原來自己並不差，我知道我做得到心中所想要的一切：「人生是可以有夢想的」。

　　有一天，閱讀了《我心深處》一書（玫琳凱 · 艾施女士著作），書中提到：「只要你想，就能做到。」這句話更深植在我心中，原來每個人的生命，都可以擁有比自己想像中的還更多，只要你努力，這種自我期許的意念，在腦海中給自己畫了幾個未來的藍圖。

　　學校畢業後，我順利進入捷運局工作，後來離開捷運局和先生共同創業，公司初期沒有好的業績表現，沒想到代理 N95 口罩後，二年半的時間讓我的目標實現了。身旁的朋友都說：「妳運氣真好！」我認為自己的努力沒被大家重視，對這個說法我覺得可笑。

　　近年來，社會結構與環境因素的變遷下，女性的婚姻

與事業衝突迭起，各有其不同的故事，當我聽到特殊的個案，想起自己童年的傷痛以及有個唐寶寶的的困境，每每感同身受。2007 年因緣際會下成立「社團法人臺灣美容技藝發展協會」，立下目標，以「雙手創造美麗，雙手幫助弱勢」為願景，幫助女性朋友。美容協會更響應政府「三年五萬學習不斷」的方案，協助婦女二度就業，利用所學的技藝簡單創業，讓生活更美滿。

人生已過 40 個年頭，我也在白紙上添了許多美麗的色彩，生命旅途中，步步都有師長、公婆、先生、朋友、學生、兒子相助，第一個夢想完成後，第二個夢想緊接而來，第三個夢想一路相隨……無可置疑的「人生有夢、築夢踏實」。

本書可以略略看到我爭取成功的精神，我確信只要「相信」自己，「相信」努力，「夢想」終有實現的一天。另外，我想分享的是，雖然我兒煒崴是個唐寶寶，但強烈的母愛戰勝了恐懼，戰勝了悲哀，開始為他進行一連串的療癒，為的是點一盞明燈，讓我兒煒崴的人生能走得順些，而後煒崴的成長反成了我心靈的那盞燈，他推動了我一波波創立美容事業的勇氣與動力，也為更多的女性朋友點亮了希望之火。

人生不如意事十有八九，願我的成長故事能帶給讀者們

一點助力，激發勇氣，迎接人生種種挑戰，也願意努力去圓自己的夢。

> **維希小語：**
>
> 當下所遇，雖是苦痛；回眸所見，盡是甘甜。
>
> 沒有地獄般的煎熬，何來天堂般反差的感受？
>
> 對這一切的發生，我盡是感恩。

母親遠去的背影

深夜哄著煒崴（我的小兒，他是一個唐寶寶）入睡，看著他進入甜蜜的夢鄉後，我望著他熟睡純真的小臉蛋，心中有萬千感觸。我告訴自己，不管多麼辛苦，都要給孩子一個充滿幸福、快樂的家庭，給他們最好、最多的母愛。回憶雖朦朧，可是我的腦海依舊記得那些畫面。

宜蘭市是個風景秀麗、樸實的小城。我生長在孔廟旁一戶九口的家庭，父親是親民愛民的市民代表會主席。這個家曾經擁有一段風光的歲月，但是在我 3 歲的時候，父親中風臥病在床，家中經濟頓時失去收支平衡，面臨斷炊的窘境。

那是個炎熱的午後，我們幾個孩子來到大人所謂的「法庭」，重度中風的父親，斷斷續續的為自己辯解，眼神中透露著誠懇與渴望，期盼妻子能夠留下來，照顧一群年幼的子女，可是母親依舊堅持己見，用冰冷、可怕的字眼訴請離婚。

父親站在法庭上，看起來就像冷風中飄搖枯黃的葉子，隨時都會從屏弱枝頭上墜落下來——那是我見過父親最脆弱的一面。

法官最後的判決是什麼？年幼的我，實在想不起來了。我們幾個孩子成為他們失敗婚姻的受害者，只記得母親選擇拋下了我們，從那天開始，再也沒有機會喊「媽媽」了。顫抖昏暗的燈光中目送母親遠去的背影，殘存今生最大的創傷記憶。

西諺說：「上帝不能照顧到每一個人，所以給人一個母親。」我無法理解，為什麼我的媽媽不要我們？那年我 6 歲，小妹 3 歲。

或許母親有她不想再多說的痛，只是我們真的更痛。

維希小語：

所有歷史告訴我們，上一個朝代的錯誤，總在下一個朝代彌補。

因此，我竭盡所能成為一個最認真的母親。

父親的兩個家

民風純樸、人情敦厚的宜蘭市，比較常看見的情形，是父親出現一些狀況時，母親依舊待在家裡，保護她懷胎十月辛苦生下的子女，棄子離家的母親極為罕見。是的，為此我也曾多次埋怨老天爺對我的不公平，因為年幼智未開，無法理解這並非天地的錯誤。

我搞不懂親戚、朋友、鄰居究竟是真心關懷我的家庭狀況，或者是把我們家當作飯後嗑牙的話題，看見我們總是忍不住搖頭嘆氣。

有一回，聽二姊說她在路上巧遇離家的媽媽。她強拉住媽媽的手，哭著要她回家，可是卻換來媽媽一頓無情的狠揍。

「無論多麼失望，總祈求奇蹟能出現。」每天放學回家，我仍期盼打開家門，能看見回心轉意的媽媽，帶著慈愛的微笑出現玄關迎接我們。一次又一次的企盼總換來一次又一次的失望，我終於徹底接受這個事實——我們已是一群沒有媽媽的孩子。

從我有記憶開始，爸爸已經中風，住在小老婆那兒。但是他每天都會打電話給祖母，偶爾也會要我們接電話，去

他住處拿些剩菜、剩飯回家。

　　有一次，我去爸爸小老婆家拿剩菜、剩飯時，同父異母的哥哥看見我，開口道：「那是狗要吃的東西耶！如果讓妳們拿走的話，狗要吃什麼？」

　　我不曉得那是他的童言無忌或是有心嘲諷，我在心裡不斷的告訴自己：「不能哭，絕對不能哭，更不可以鬧脾氣，因為家裡還有人需要靠這些剩菜、剩飯裹腹。」每每想到這些，再苦、再無情的攻擊，都不能再傷害得了我。

　　爸爸雖然不住在家裡，但他也擔憂家裡的老小，肚子餓了，有沒有東西吃？天冷了，是否會受凍？解開「親情」這個結，對任何人來說，都是一道難題。現在回憶爸爸當時的處境，想必是進退兩難吧！他放不下這個家，也放不下那個家。

維希小語：

　　人在風光時經常擋不住誘惑，卻總也造成了未來悔不當初的窘境。

　　能力經常是暫時的，一時的瀟灑，卻必須背負著久遠的身心靈苦難。

　　富貴不能淫，果然是無欲則剛的真實寫照。

阿嬤代償母愛

五月，當溫柔的康乃馨開滿遍地的時候，我特別的懷念——阿嬤。想起她總會讓我黯然神傷，再也沒有機會聽見她那飽含滿滿愛意與熟悉的嘮叨了，但是她慈愛的身影仍刻鏤在我心底。

不認識字是舊時代婦女的普遍現象，但是歲月將阿嬤歷練成有智慧、有思想的女性。有時生活中的挫折讓她感到煩悶與無奈，嘴裡雖埋怨：「人生莫作婦人身」，但她還是勇敢的默默承擔，挺起胸膛照顧我們這幾個失去母親的孩子。

家道中落後，我們開始過著縮衣節食的日子。夏天忙著曬大花瓜，我們幾個小蘿蔔頭也沒能閒著，小小的腳掌在裝滿大花瓜的桶子裡來回的踩呀踩，接著再把大花瓜拿到頂樓曬太陽。我們最怕遇到下西北雨的日子了，驟來的大雨總讓我們手忙腳亂，來不及將這些曬在頂樓的大花瓜收進房裡。冬天則改醃蘿蔔乾，蘿蔔乾炒蛋是我們最喜愛的美食之一。

阿嬤有三個養女，兩個住在蘇澳。蘇澳魚市場賣的魚特別便宜，因此我們常跟著阿嬤，從宜蘭搭火車到羅東，再

從羅東轉巴士到蘇澳。舟車勞頓，全是為了那些擱置在冷凍庫許久的魚。這些魚通常是以大量的粗鹽醃漬過，腥味過重、口感也不好，從小我們都是吃這些魚長大，至今姊妹們碰都不碰鹹魚。

回憶小學二年級那次車禍——我如往常一樣在校門口等五姊放學，過馬路時，一輛摩托車迎面撞來，我來不及閃躲，飛了出去，當場頭破血流，緊急的被送入醫院，頭上縫了好多針。

住院期間，我多麼渴望母親能來醫院探視，但是她始終不曾出現。生活困窘加上失去母愛，我希望自己不要醒過來（複雜的情緒衝擊著我），就算把我救活了又如何呢？（生活的意義或許不是以生命的長短來計算的。）不管傷口傳來陣陣抽痛，或是護士阿姨來換藥，我從來不喊一聲「痛」，呆呆的望著天花板。（生病中的孩子，對母愛的需求是如此的飢渴。）

阿嬤為了照顧我，家裡和醫院兩頭奔走，有一回體力不支，坐在椅子上打瞌睡跌倒，我嚇了一跳，急急的大喊：「阿嬤！阿嬤！」她趕忙站起來，不顧摔疼的四肢安慰我：「沒事！沒事！」

夜晚我踢被，隔壁床的阿嬤幫我蓋被，阿嬤驚醒過來，連忙道謝，不好意思的說：「一大家子的人都需要我照顧，才會把自己搞得這麼累。」

我的心被撕扯得四分五裂，默默的對自己說：「我要趕快長大，賺很多錢養阿嬤，讓阿嬤可以不必這麼辛苦的和生活搏鬥！」

維希小語：

媽媽沒了，爸爸倒了，阿嬤是我們唯一的依靠。

我害怕阿嬤辛勞，卻又得眼睜睜看著這樣一個屍弱的身軀為我們奔忙，這種痛鮮少人知道，我恨不得瞬間長大，跳過童年。

阿嬤走了

2007 年 9 月，阿嬤又住院了，我著急的要求老公開車，載我回宜蘭看她老人家……

到了醫院，二姊說：「昨晚阿嬤一整晚喊著阿華！阿華！」我急著喚她：「阿嬤！阿嬤！我來看您了，我來看您了。」阿嬤！沒知覺似的睜開眼睛，緊接著又閤上眼睛昏睡，我的眼淚管不住地流出來……

阿嬤已經 90 幾歲了，她的生命力比誰都強，幾次住院都讓醫生們感到驚訝！但是，這一次情況不同，她忘了一切，忘了自己是誰，忘了孫女的名字與樣子。

過去阿嬤是一個精明能幹的女人，記得小時候常看她利用「以會養會」的方式賺取利差，養活一家人。她的頭腦很清楚，記得任何一塊錢的來龍去脈，但是現在的她連吃飯、上廁所都需要別人來照料。二姊說：「任何強壯、鐵打的身體經過歲月、病魔的摧殘，還能夠活動自如的人太少了。」

阿嬤 30 多歲就失去丈夫，唯一的獨子又年輕中風英年早逝，一個女人失去了先生和孩子，她的重心只能轉移到孫

子身上，然而孫子們給她的只有牽掛與養育的重責，如此境況的她獨自勇敢的承受一切，面對生活永遠有著樂觀與堅強、不怨嘆自己比別人不幸，挺著胸、抬著頭向前，這種堅韌與好強，在她生活的時代背景下，可說是無人能及的。

望著躺在病床上骨瘦如柴的阿嬤，虛弱無力的呻吟，往日的強勁與生活的歷練被磨光殆盡，生命的燭光也在她身上漸漸晦暗了，心中的不捨油然而生。我忍不住親了她的臉頰，口中喃喃的喊著：「阿嬤！阿嬤！記得起我的聲音嗎？記得過去我們在一起快樂的時光嗎？」但是她一動也不動，靜靜的躺著……

天黑了！韶安、煒崴也快放學了，走出醫院得回台北的家，坐在老公的車上，我感慨的對他說：「人生不過是一場旅行，生老病死是不變的法則，我們姊妹應該豁達些，求求老天爺！別再折磨一個 90 多歲的老人了……」

隔了幾天，姊姊打電話說：「阿嬤已經快走了……」，放下電話我一陣昏眩，自己馬上開車匆匆趕赴宜蘭，到了家「阿嬤」已經走了（2007 年中秋節前）。

我幫過無數個人化妝（晚宴妝、新娘妝、舞台妝……），

但是從未為往生者上妝。阿嬤年輕時很愛漂亮，往生後相信她也希望漂漂亮亮的到另外一個世界去仙遊。人家說：子孫的淚水不能滴在靈體上，因為死去的人會不安！我強忍住淚水，細心的幫阿嬤化妝，化完妝的阿嬤看起來是那麼的安詳……

就這樣，阿嬤人生的幕，落了！我感到椎心刺骨的傷痛，淚水滿眶看不見眼前的一切……阿嬤安息吧！

維希小語：

阿嬤的畢業化妝舞會，由我親自為您上妝，雖然這是送別的感傷。

但我敬佩您這一位年長的悍姑娘，每一場人生的歷練都是如此堅強。

我知道您的肉體已崩壞，硬撐著陪伴我們的成長，將近百歲的滄桑，走過了大時代的震盪，熬過了小女子的渺茫，一切的重擔一肩扛。

或許您的腦袋已疲倦，但我清晰您的靈魂不會把我遺忘，感恩您今生相遇時的珍藏，期待再相逢時的璀璨，我最愛的阿嬤，謝謝！我永遠是您的阿華。

美容的啟蒙老師

清明節前，手中拿著和阿嬤的合照，我的眼眶紅了……

每個孩子幾乎都是在母親的庇護下長大、茁壯，而我卻是由阿嬤扶養長大的。

阿嬤離開我已將近8年多了，但是她的身影隨著時日，越加緊緊的與我同在……心中一陣刺痛，走進臥室抱著被子大哭，哭聲驚嚇了老公，他拿來一杯熱茶對我說：「生死間的隔絕，是無可避免的事實，清明節我帶你回宜蘭祭拜，擦乾眼淚喝口熱茶吧！」

清明節一大早，老公開車帶著我、韶安、煒崴四個人一起回宜蘭老家，車子經過雪山隧道後，老公說：「小華，一路上妳愁眉苦臉一句話也不說，我知道你是在想阿嬤，我們就快到宜蘭了，你不要再傷心了！」為了讓老公能專心開車，我勉為其難的收起哀痛，可是當車子越接近老家，我的情也越怯了……

一進家門，妹妹說：「姊姊，你眼眶怎麼那麼紅？」我無言以對，呆呆的站著……老公提醒我和妹妹先去祭拜阿嬤，接著招呼各家孩子祭拜曾祖母。

　　姊妹們陸陸續續的回家祭拜阿嬤，吃過午飯，大家坐在客廳沙發，你一言我一語淒淒切切的談起和阿嬤一起的生活往事⋯⋯

　　我說：「唉！阿嬤往生後，踏進家門再也看不見阿嬤的笑容，聽不見阿嬤說：『回來了，真好，肚子餓了嗎？想吃點什麼東西，我去煮。』」

　　妹妹說：「老家，沒有了阿嬤，只不過是一棟冷冷清清的房子。」

　　大姊：「阿嬤苦撐這個家，為三代子孫辛勞的付出，我覺得節日或忌日，大家一定要回來，總不能讓阿嬤一個人，孤單又寂寞的在供桌上。」

　　二姊接著說：「小妹，妳記不記得快開學的時候，阿嬤到親戚家去借學費的事⋯⋯」

　　妹妹：「怎麼會不記得，有時姨婆不肯借錢，阿嬤總有這麼一句話『拜託幫幫忙，小孩子不能不讀書，收到會錢一定會還妳。』」

　　三姊：「阿嬤為了不要讓我們餓肚子、魚肉給我們吃，自己只吃青菜、蘿蔔乾、花生米隨隨便便囫圇吞。

　　四姊：「我們兄弟姊妹無不受阿嬤拉拔長大的。」

我說：「尤其是對我的照顧特別多……

想起我車禍受傷時，阿嬤不眠不休的照顧，打瞌睡從椅子上跌倒的那一幕；我 14 歲，教我『挽面』的技術。

來！試試看，一頭線用嘴巴咬緊一頭線來回放鬆。

再來一次不要害怕，再來一次不要害怕。

怎麼也沒想到 20 年後，這一條棉線牽住了我的美容事業。」

坐在我身旁的老公忽然說：「小華，記不記得您生老二時，阿嬤到台北來探視我們……苦口婆心的安慰我們『憨囝仔也會長大』，煒崴今天才有福氣上小學。」

是啊！猶記得煒崴出生時，阿嬤來台北抱住我，擦乾我臉上的淚水說：「憨囝仔也會長大，只要是我們的孩子都很好。」給我正確的人生觀，讓我有勇氣向前走，用愛心、耐心養育、照顧煒崴長大，更能體會養育子女是母親的責任。

談著，談著，阿嬤的身影彷彿就在大家的眼前！她給我們留下的不僅是回憶，還有的是說不盡的恩。寫到這裡，我已經淚流滿面，她老人家去世已多年。如果說，我今天

能在眾人之前昂首前進，是阿嬤的身教牽引著我；要不是有她的照拂，哪有今天的我呢？我和阿嬤將近 40 年的親情，永遠在心中。

還不盡的恩，切不斷的情，不禁在心中祈願來生再續祖孫情。

但生命輪迴是苦難，我不要阿嬤再次承受如此的折磨，願我們超脫生死，同生極樂國，但我不會忘記您是我永遠的阿嬤。

維希小語：

我的阿嬤如此有智慧，是我生命的導師，也是我美容的啟蒙老師，原來我 14 歲就開始踏進入了美容產業，阿嬤老師，感恩您！您是我今生最敬愛的老師。謝謝您的一條線至今仍牽引著我的幸福與成功之路。我的阿嬤，我的恩師，謝謝您！

感謝與釋懷

　　人在生病的時候，感情似乎特別的脆弱，我也是這樣的。

　　記得在二年級車禍受傷時，破壞我們家庭的兇手──爸爸的小老婆，在我推出開刀房後，她來醫院探望我，拉起我的小手說：「孩子，痛不痛？」接著她拿把剪刀，剪開沾滿鮮血的衣服，幫我換上一件拉鍊式的毛衣，好讓我方便穿脫和活動四肢。

　　換好毛衣後，她看著我，溫柔的說：「想吃什麼東西？」

　　我沒有回答她，因為這些舉動使我感到茫然。

　　小小年紀呆傻的問自己：「她不是我的親生媽媽，為什麼要對我這麼好呢？」

　　阿姨（爸爸的小老婆）看了一下窗外，說：「天黑了，我要回家。」

　　颯颯的冷風在窗外吹拂著，病房顯得格外的淒寂。我全身不斷的顫抖，內心湧起的風暴，是遠遠超過身體的傷啊！

　　我躲進棉被，低啞泣喊著：「媽媽您在哪裡？到底在哪

裡呢？」

俗話說：「天下無不是的父母」，多年來一直耿耿於懷，覺得這句話有商榷的必要。因為「鶼鰈情深子女必能受惠」，有爸媽疼愛的兒女是多麼的幸福啊！

然而 30 年後我已為人妻為人母，也經過許多的波折，更聽過太多婦女悲痛的故事。寫到這裡，我似乎已經釋懷了。

我燃起了感謝，因為她也擁有一念之仁，畢竟在那當下，她是幫助我的。成人的感情與慾望總是複雜的，已經造成的事實，我已無法追究究竟是誰的錯，即使有了令人滿意的答案，那又如何？

維希小語：

苦難並不會因為怨恨而消失，錯誤並不會因為責罰而抹滅。

原諒是放過自己，感謝是為人的基本，釋懷是智慧的開端。

還我清白

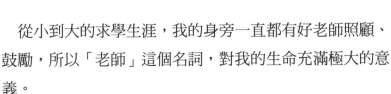

從小到大的求學生涯，我的身旁一直都有好老師照顧、鼓勵，所以「老師」這個名詞，對我的生命充滿極大的意義。

小學二年級的某一天，家裡舉行法會，奶奶要我和姊姊在外頭吃麵，再回學校上課。吃過午餐回到學校，才踏進教室，就有位老闆叔叔到班上，指控我偷了一盒蠟筆。

叔叔言之鑿鑿的敘述，他看見有個女生制服上的名牌掛著「蕭麗 X」（最後一個字，他說：「沒看清楚」），好巧不巧，當天我們的確經過那家位於中山路上的文具行。就這樣，所有人都主觀地認定我就是那個小偷。

當時的我，非常焦急也覺得十分無助，雖加以辯解，無奈那位老闆叔叔硬是強詞奪理，根本不聽我所講的話。

訓導主任望著我手足無措的臉，不像其他人一樣，立刻將「小偷」的帽子扣在我頭上。他一次又一次帶著我找尋線索，最後他找到了原兇，替我洗刷冤屈。

經過三十年了，我已記不得主任的名字和長相，但是感

恩之情，一輩子沒齒難忘。感謝您的追求真相！

「老師」散發著愛和光，是我心目中永遠的太陽。

維希小語：

人窮困沒關係，志氣很重要；

人弱小沒關係，清白很重要。

在我飢寒交迫時給我及時幫助的，就是我的大英雄。

在我被汙衊之際，還我清白的就是我的包青天。

因此我也持續努力成為有緣人的英雄與青天。

無償的鋼琴課

從小我不愛說話，一整天下來，幾乎聽不到我說幾句話，所以很多人都說我像個自閉症的孩子。其實我有很多、很多話想說，可是又不知道可以找誰傾訴。難過的時候，自己偷偷躲在棉被裡掉眼淚；有心事的時候，把說不出口的情緒化成線條、圖案，盡情地揮灑在紙上。

除了畫畫，我也喜歡唱歌。小學三年級到國中，我一直是學校合唱團的團員。音樂給了我澎湃洶湧的感情，一來洗滌煩憂發洩不滿的情緒，跟隨著曲中的歌詞，飛到夢中如詩如畫的地方，徜徉在山水中，藉此來彌補沒有父母帶領郊遊的日子；二來紓解壓力放鬆自己，給心靈深處一帖慰藉的良藥。感謝「合唱團」的日子，給了我無限的溫暖與驕傲。

「上鋼琴課」在我小時候是富裕上流家庭的玩意，因此我畫了一張《彈鋼琴的小孩》貼在臥房裡自我陶醉，因為那對我是個多麼遙遠的夢啊！

因此，每次上音樂課，我會選擇坐在最靠近鋼琴的位子，兩眼緊盯著老師的手指，輕盈地在琴鍵上跳躍。經過一段日子，老師察覺到這位特殊的學生，下課後老師問我：

「喜歡彈琴嗎?」

我點點頭,說出心中的渴望與期待。老師拍拍我的肩說:「空閒時間老師教妳彈琴。」

就這樣,我實現自己無法達成的願望。感謝「免費教學」的恩典,我自動自發的在合唱團裡幫忙許多雜務,也更加貼近自己喜愛的音樂領域。

許多事經歷過,才能真正嚐到箇中滋味,醜小鴨慶幸並感謝能有學藝的日子。

這樣的出生背景,學鋼琴應說是奢求,是癡人說夢,而我卻能幸運擁有。我無法完整表達我內心的感激之情,親愛的音樂老師,我相信這不是施捨,不是憐憫,而是愛。

敬愛的陳瑞娟老師,感恩您的愛,讓我也能沉浸在音符中,療癒在沒有旋律的日子裡,對我而言這是另一種母親的呵護與疼惜,謝謝您。

維希小語：

越是缺乏的，越懂得珍惜；

越是沒有的，越懂得渴望。

在我們渴望的當下，我們如獲沙漠之水。卻在我們離開沙漠之後，千萬不要忘了路上，給了我們一口清泉的路人，因為他們是生命的貴人，不是理所當然必須幫助我們的人。

我們有幸逢貴人，何不也當人之貴？

幫助所有我之能幫助，就是儲存來日之協助。

歡喜！感恩！

我代表家長

媽媽離家那天，妹妹（3歲）小小臉蛋爬滿晶瑩的淚水，抱住媽媽的大腿，嚷嚷央求她不要走。媽媽絕情的甩開小妹，小妹跌跌撞撞，慌張的沿路喊著：「媽媽！媽媽！」那幅影像和破碎的哭喊聲，至今依舊在我的腦海裡盤旋迴盪著。

沒有媽媽的日子，小妹跌進痛苦的深淵，常在睡夢中哭喊著：「媽媽！媽媽！」我聽到她童稚的哭聲，心如刀割，徹夜未眠。雖然我只比小妹長3歲，但是智慧、思想、體能皆較其成熟，因此，我對小妹一直百般疼愛。

「姊姊，我可以參加校外教學嗎？」

「姊姊，我的腳長大了，這鞋子有點緊了……」

妹妹的需求或難題，我總是不忍心拒絕，想盡辦法彌補她沒有母親關照的日子。

國中畢業後，她順利的進入文德女中就學，這是一所教會學校，修女們辦學認真，以愛心耐心培育學生，造就出術德兼修、身心健全的女青年。

文德女中學生均須住宿。有一天,教官打電話告訴我:「妹妹沒回寢室睡覺,家長需到校處理。」「妹妹沒有回寢室睡覺」這件事,我發覺事態嚴重。當下,我先請教官通融並保證不再犯。第二天一早,我也代表家長到校道歉,教官被我的誠懇態度感動了,就在「下次不行」的語氣下原諒了妹妹。

從妹妹的住校生活與居家生活中的點點滴滴,就好像是千金擔一樣,壓在我的肩頭上。

我試著找機會與妹妹溝通:「你有什麼心事,可以告訴姊姊,好嗎?」

妹妹:「……」

經歷了數次「無言以對」後,妹妹才用畏縮的語氣說:「我很羨慕別人有甜蜜的家庭可以庇護,受了委屈,可以有爸爸媽媽安慰。而我什麼都沒有?只好在校外與女同學談心、逛街、待在小說店……不想在冷冰冰的宿舍裡。」接著眼淚如雨下。

看到妹妹的傷心,我只能忍下要奪眶而出的淚水,我告訴自己:「蕭麗華,這時候不是妳掉淚的時候。不要讓妹妹看到你脆弱的一面。」

昂起頭，我用婉轉的語氣說：「妳可以把我當做傾訴的對象呀！我可以做妳的依靠。」

小妹高中畢業後，在一家餐廳工作，認識現在的先生，或許是急於尋找溫暖的窩，19 歲的青春年華就搭上結婚列車。妹妹懷孕期間，政府舉辦第一屆代書檢核考試，她也很有天份，一考就考上，生完小孩後又繼續唸二專深造，如今在宜蘭市代書界也小有名氣。

記得 8 年前，她告訴我：「我外表亮麗，可是內心常感到空虛……找不到答案。」於是她開始探討身心靈的課程，加入身心靈的研修，沒想到幾年下來也小有成就，現今是宜蘭縣救國團心輔指導老師。

韶光易逝，小妹已為人妻、人母，不再依靠我了。祝福她永遠快樂，不再糾纏於「遺憾沒有母愛的日子」。

維希小語：

　　我是幸運的，從3歲起，我就學習當領導，因為我還有一個妹妹比我小。我也開始學習當家長，因為必須承擔這責任。我也學習當母親，因為我知道妹妹比我還需要。

　　多少人連自己的父母親都不知道是誰，多少人被家暴，被遺棄路旁，只留下一只箱子與一張紙條。多少人被自己的父母推入出賣靈魂的火坑，甚至感受父母親自執行的獸行。而我們都還好，我們至少還知道生我們的是誰，即使扎根的泥土不見了。

　　不曾經歷的痛，不知穴點從何著手；不曾感受過的虛無，不知從何缺口填補。我們總繞著自己的缺憾，卻不知其實我們還好；我們總搓著傷口，卻不知如此永遠癒合不了。

　　我們在幫助別人，其實是在幫助自己；

　　我們在奉獻溫暖，其實是在自我療癒。我們感恩！

翻轉生命的開始

我不希望自己國中畢業就嫁做人婦（那是貧困家庭最常見的事），一輩子侷限在柴米油鹽醬醋茶這些繁瑣家務事裡，所以我決定離開宜蘭北上求學。當我和姊姊提起這念頭時，她立刻冷淡的說：「家裡沒有多餘的錢供妳讀書。」這些話並沒打倒我企圖北上進修的念頭，我決定靠自己的力量，一邊打工、一邊求學。

有句話是這麼說的：「當學生是人生中最幸福的一段日子，因為沒煩惱。」只要把書讀好、考試成績理想就沒責任了。對我來說，卻不是如此。求學過程中最重要的是張羅生活費、房租，因此打工賺來的每分錢，我都必須要錙銖必較，節吃省用。

學校不提供住宿，「找房子、搬家」在我的求學過程中是屢見不鮮的「重要課題」。我得斟酌是否負擔得起房租、交通是否方便（離學校近）、合租是否會染上惡習（蹺課、打牌、抽菸）——瑣碎問題一籮筐。

我住過不少地方，形形色色的雅房、套房各有不同，回想起那段租屋的日子感慨萬千，點滴在心頭。

其一：胖太太的套房

有一天放學回家，才正要把書拿出來準備期中的考試，胖胖的房東太太便過來敲我的房門，「小姐！我來通知妳，房租從下個月開始要漲 300 元。」我慌了手腳，「房東太太，妳不能隨興漲價。」

她的態度卻依舊強硬，「那我把房間收回來，妳馬上給我搬走！」

我一邊掉眼淚，一邊急著往租屋佈告欄尋找落腳處。感謝老天爺幫忙，終於看到價錢還算合理的雅房。我二話不說便撕下出租紅單，帶著簡單的行李住進這避風港。

其二：林先生的雅房

房東是一對中年夫婦，一開始不覺得有任何不妥，後來才發現問題不少。他們提供洗衣機，可是我得等到他們空下來才可以使用；浴室只有一間，我亦不敢先行使用，非得到確定他們洗好才偷偷摸摸的進去洗澡；最讓我尷尬的，就屬遇見屋主僅著一條內褲在房子內走來走去，所以僅住幾個月後我便搬走了。

其三：頂樓加蓋的鐵皮屋

我一打開門，就會看見聳立在一旁的水塔，晚上彷彿地震轟隆隆的打水聲，開始幾日幾乎夜夜不得好眠，心想這樣也不是辦法，於是心境一轉：既來之，則安之，不如把抽水聲當作入眠的背景音樂，到後來沒聽到反而覺得不習慣呢！其他樓層的住戶偶爾會上來曬衣服，有時會好奇的從外頭打量我房間內的擺設。我知道他們沒有惡意，可是多少覺得自己的隱私被人窺視。

屋內沒有任何家具，我不喊苦，打地鋪也是可以湊合著睡的。可是夏天毒辣的陽光，房間熱得像烤箱，我哪來多餘的錢買電風扇這類奢侈品呢？因此假日盡量去圖書館吹免費的冷氣唸書；冬天的時候，宜蘭老家沒有多餘的棉被寄上來給我，晚上睡覺，即使把所有厚重的衣服一件件全蓋在自己的身上，還是常常冷得打哆嗦。後來我撿來一塊較為平坦木板充當墊被子，就這樣勉勉強強度過一個寒冷的冬季。

倉皇、忙亂、無奈的幾次搬家經驗，想起無數個午夜夢迴，我淌著眼淚吶喊：「畢業後我要努力賺錢，賺大錢買個金窩、銀窩。」從那時候開始，我便打從心底希望能擁有一個屬於自己的「家」。

維希小語：

我感恩這一段，因為這是我生命翻轉的開始。

我不選擇屈服，而決定了改變；

我不選擇放棄，而決定了堅強。

沒有跌落谷底，何來反彈的力量。

因為這一段，才有壯大的希望。我感恩！感恩那一塊陪我度過寒冬的木板！

踏出成功的第一步

上完課後，為了三餐裏腹和房租，我試著到夜市「鞋店」打工，賺取生活費。

老闆娘是個熱情的中年婦人，她告訴我：「一個出色的店員只需要懂得兩件事：『不管客人想買的鞋是哪一款，一定要加以讚美；不管客人如何抱怨，也要微笑以對。』」我點點頭：「我會牢記在腦海裡的。」

頭幾天我還不太習慣面對陌生人，客人詢問鞋子尺寸或款式時，腦子常是一片空白，滿臉通紅、期期艾艾的不知道該怎麼應對。老闆娘從未因此責備我，反而耐心的鼓勵我、幫我找鞋號。一星期後，我總算熟悉二樓庫存鞋子的擺放。有時客人一多，忙得分身乏術，樓上樓下來回奔跑，晚上回家腰酸背痛，倒頭便呼呼大睡，第二天上學前才急忙淋浴。

久而久之，我摸透客人的心思，知道如何讚美客人，說他們想聽的話，好把鞋子推銷出去，因此業績逐漸轉好。此外，我時常蹲下身，幫客人穿鞋、綁鞋帶，因而訓練出許許多多不同花樣的綁法，客人高興得讚美我「手巧」，老闆娘更是笑咪咪的讚不絕口。

每雙鞋子都有其特色，在鞋店打工的那段日子，我學到兩件做生意的法寶——其一是學會推銷術「見人說人話」，不管客人喜愛的鞋子款式如何，我都會憑著三吋不爛之舌，說得天花亂墜，讓客人樂得飄飄然，似乎不買這雙鞋就是錯過生命中的「Mr.Right」。其二是學會「察言觀色」，依照不同客人的個性，採取不同的接待方法，免得日後客人不想再上門。

　　俗語云：「屋寬不如心寬」，保有高度的EQ，能讓自己心情愉悅的做事，工作績效提高，顧客更能源源不斷自動找上門來。

維希小語：

這是我自己選擇的路，所以我不埋怨荊棘密布；

這是我必須穿的鞋子，即使並不合腳；

我勇敢往前邁出，鞋底破了，卻也平衡了自己的尺寸；

我踏著踏著，眼前為之一亮，莫非是灰姑娘的玻璃鞋；

不待王子為我換上，我已套緊雙足，翩翩飛起在自己人生的舞台上。

錢與尊嚴

　　臺北生活費用高，記得剛領工資，沒多久就彈盡援絕，每到月底總會讓我恐慌、害怕，擔憂身上的錢不夠生活。經由一位友人介紹，我離開鞋店，到 KTV 當服務生，想賺取更高的工資。

　　時下年輕人把 KTV 當作聚會、聯絡感情的地方，可是多年前 KTV 是暗藏春色的場所，類似現今人們所謂的「酒店」。KTV 的服務生不只是負責清理包廂、送餐這些瑣碎工作而已，有的服務生則是像現在的「小姐」，必須進入包廂內陪客人喝酒、划拳，有時還得陪客人「出場」。

　　初次接觸這類較為複雜的工作，我的心情頗為忐忑不安，深怕因此惹上不必要的麻煩。一開始，不習慣煙霧瀰漫的空間，常被菸燻得直掉眼淚，有時也會不小心遇到發酒瘋的客人，誤以為我是「賣身」的小姐，企圖想吃豆腐，不過還好總有其他同事幫我一把，讓我順利脫困。

　　在 KTV 打工的事情，不知道為什麼在學校裡傳開了。同學們議論紛紛，部分老師也對我投以異樣的眼光，自己也曾耳聞同學、老師背後極度不堪的指點。但是我是個有傲氣的人（學業成績優良又能自食其力），所以依舊隱忍著

不願多做解釋，（嘴巴長在別人的臉上，要如何過渡渲染，永遠也澄清不完，我又何必庸人自擾？）下課後，依舊前往 KTV 打工。

日子一天天的過去，有天一位黃老師忍不住跑來詢問班導師，她義正辭嚴的維護我：「麗華得自己賺取生活費和學費，迫不得已才會選擇這樣的工作。我相信她懂得愛惜自己的羽毛，絕對不會為了賺取更多的小費，而選擇出賣自己的肉體。」我知道這件事後，除了感謝班導師的愛護，也更能體會「清者自清、濁者自濁」這句話。

三個月後，有一回上班時，我被叫入包廂清理桌子，包廂內坐著幾個脖子上掛著金項鍊、看起來非善類的客人，雙手個別摟著好幾名衣衫不整的小姐。我跪在地上，用抹布把桌上的花生殼、空酒罐掃進垃圾桶時，有一名大哥叫住我：「小妹，妳把這杯酒喝下去，我就給妳五百元如何？」我笑著搖搖頭，轉身正要離開，他又叫住我，當著我的面把一疊千元大鈔丟在桌上。他說：「我懶得說廢話，喝下這杯，這錢就是妳的。」

全包廂的人都在看好戲，桌上那堆綠油油的鈔票彷彿正在跳舞，頻頻召喚我：「只要喝下那杯酒，好幾個月不用再辛苦的跪在地上清理桌面，回家不必拿毛巾熱敷發紅的膝蓋，好幾個月更不必愁下餐飯究竟在哪裡。」

「不！不！我不會喝酒。」全包廂的人哈哈大笑，我像隻誤入虎穴的小兔子，飛快的逃出包廂。

回家後，我的心臟蹦蹦跳，幾乎要跳出咽喉。「紅塵」是條不歸路，一旦踏上便很難再回頭，有一就有二、有二就有三，一步又一步的往下沈淪。那樣的生活方式，絕非我北上的初衷。決定再找工作了。

維希小語：

錢很重要，尊嚴更重要；什麼都能賣，靈魂不能賣。

每個人都有自己的選擇，不能評論對錯，我尊重別人的決定，讚美自己的堅持。

我被生活所困頓，卻非腦袋陷泥沼；

我願成功早到來，卻非貪婪所翻攪。

我總相信，路不會只有一條。這一次，我開始欣賞自己了！

愛的滋潤

初識

一個不善於表達只會傻勁做事的大男生——我的老公。

19 歲那年,我到三姊和三姊夫經營的期貨公司工讀。有一天,一個大男生和我一起公差外出買文具,來回公司的路上,我們幾乎沒什麼交談,添購完全部所需的物品,回到公司正要上樓時,他突然冒出一句話:「下次一起吃頓飯吧!」

我楞了一下,打量眼前這位平常除了公事外,幾乎不曾交談過的同事。他年紀長我 7 歲,戴著眼鏡,體型高高瘦瘦,呆呆傻傻的模樣,像極在校園中可見的「書呆子」。我覺得這個人看起來挺老實的,也就不多想,答應了他的邀約。

一個晴朗的周末下午,我接到他的電話:「最近故宮有展覽,妳有興趣嗎?」

距離期中考還有一段時間,我心想出去走一走也不錯,於是我們直接約在故宮前的公車站牌見面。

才剛下公車,我就看見他站在那兒靦腆的笑著。那一瞬

間，我覺得自己的心猛然跳了一下。

假日的故宮遊客不少，每當我們被人群沖散時，他都會放慢腳步，確定我跟上後，才會繼續朝下一個展覽點前進。

他不時低聲的對我說明古文物的出土歷史，一雙眼透過鏡框閃爍著耀眼的星芒。我察覺到這個男人與我之前認識的完全不同，有著別人沒有的淵博知識，這讓我對他的好感又上升了幾分。

第一次的約會彼此都留下不錯的印象，因此只要有空的時候，他都會約我出去玩。美術館、博物館、故宮，都有了我們的足跡。

有一回逛完歷史博物館出來後，晚霞暈染了整片天空，我正看得入迷，他拍拍我的肩膀，「走，我請妳吃飯。」

坐上他的摩托車，我心裡有幾分竊喜。之前每次一起吃飯，我們都是各付各的，這次他主動提議請我吃飯，可算是破天荒頭一遭呢！

可是當眼前的風景從繁華熱鬧的臺北街頭，逐漸變成燈火通明的民宅街道時，我又開始覺得納悶：莫非他要帶我去的餐廳隱藏在這裡嗎？

他領我走入一棟公寓，掏出口袋的鑰匙打開鐵門，我還沒反應過來，他便對著屋內喊：「媽！我帶朋友回來吃飯了。」

他狐疑地轉過頭，不解的望著忍不住低頭猛笑的我，「什麼事情這麼好笑？」

「沒什麼。」老天爺，原來這傢伙先前如此大方，說要請我吃飯，其實是帶我回家吃飯啊！

正式成為「他」的女友

有一天，這位呆頭鵝帶我到淡水玩。通常會到淡水的觀光客，為的不外乎大啖老街阿給、鐵蛋、魚丸等美食，可是他帶我去那的主要目的，並非只是享用美食而已。

人潮熙來攘往，我們站在淡水福佑宮（即媽祖廟）前，他對我解釋這座廟宇香火鼎盛之所以有名之處，不僅僅在於「靈驗」而已。

「它是淡水街道最早創建的廟宇，不管是木雕、石垛、斗拱，全是自清代保存下來的歷史文物。」看著他興高采烈指著橫樑、石柱的模樣，我突然覺得眼前的男人比起以前認識的朋友，更讓我有想親近的衝動。

「我以為你只是想帶我來淡水享受美食。」

他歪著頭想一想，「妳肚子餓了？不然我先帶妳去吃飯好了。」

我笑了出來，心裡更加確信這傢伙真的是不折不扣的二楞子。

吃過飯後，他騎車載我到漁人碼頭的長堤上看夜景。入秋的淡水比臺灣其他地方更早感受到涼意，我的薄外套幾乎抵擋不了沁了寒的冷風。

「哈啾！哈啾！」才正準備從皮包裡拿出衛生紙，一股溫暖隨即覆蓋住我的身體。

我怔楞的看著身上過大的外套，再轉頭望向有些不太自在的他，甜甜的滋味逐漸在心中蔓延開來。

他清清喉嚨，雙眼眺望著海面上點點漁火，「妳剛才在福佑宮許了什麼願？」

我也沒有多想，直覺的回答：「我希望媽祖能保佑家人平平安安、身體健康。你呢？」

「跟妳差不多。不過，我還多許了一個願望。」

他語帶玄機的表情勾起我的好奇心，他定定的凝視著我，眼中有不容他人反對的堅定與自信，「我請媽祖讓妳當我的女朋友。」

他的答案出乎我所能預想的範圍，雖然夜色昏暗不明，可我清楚的感覺到自己的臉蛋瞬間漲紅一片，羞得說不出任何話。

他再自然不過的握住我冰冷的手，笑得既得意又開心，「妳沒拒絕，就表示妳答應了。」

就這樣，我莫名其妙的變成他的女友。這時我才赫然發現，他其實一點都不如外表的愣頭愣腦啊！

維希小語：

我不喜歡舌燦蓮花的絢麗口才，因為那經常是虛假的彩繪外殼；

我喜歡說到做到的樸實內斂，因為那才有給予安全感的實質保障。

愛有很多種，而女人一生最重要的溫暖，卻是從愛情轉換為親情的溫度，因此選擇拚接踏實的另一半，才有後半輩子的圓滿。

家的感覺

甜中帶澀的交往

每個女孩子心中都有個理想情人:對方的甜言蜜語是每日精神糧食,不管生日、七夕、西洋情人節、聖誕節、交往紀念日,都會獻上小禮物以表心意。可是我的他,只有在我生日時會送禮物,就連交往後,他依舊遵循「各付各的」守則。

我曾開玩笑的抱怨他一點都不浪漫,只見他慢條斯理的推了推眼鏡,「女朋友不等於老婆;不是老婆就不是家人;不是家人就不需要請客,不然分手時還得為了錢爭執,不覺得傷感情嗎?」

瞧瞧,他說得多振振有詞?但轉過頭想,他說的話也不無道理。談錢傷感情,分手已經夠讓彼此難過了,又何須再增添彼此不好的回憶?

他喜歡徜徉山間,呼吸山上清爽的空氣,我則偏好浩瀚蔚藍的大海,因此陽明山、淡水是我們最常約會的地方。

一樣米養百樣人,更不用談男人、女人可比喻成火星人與土星人。我跟他有時也會因為各自持有的觀點不同而有

所爭執，偏偏我愛上的，就是個不擅言詞的呆頭鵝，就算他主動道歉，也只會簡單的說「對不起」三個字而已。

有一回起爭執是交往以來最嚴重的一次，他把我載回住處、確定我平安回到家之後，他什麼話也沒有說直接離開了。

胸口似有把火猛燒個不停，鼻子也覺得有點酸，當天我便早早洗過澡上床睡覺了。

隔天清晨起床梳洗過一番，下樓準備去隔條街的早餐店買早餐時，我便發現個熟悉的人神情憔悴、頭髮蓬亂的坐在樓梯口。

夜裡冒出的鬍渣爬滿他的下巴，他抬起佈滿血絲的雙眼望著我，像隻被拋棄的小狗般可憐兮兮的問：「昨夜妳睡得好嗎？」

縱使再鐵打的心、再有怒意，聽見他的口氣，也會融化變成繞指柔。我露出個心疼的微笑，「傻瓜。」

相偕去吃早點，我問他為什麼昨天選擇沈默的離開，他想也沒有想的直接回答我：「妳不覺得在那種情況下，各自冷靜一下會好些嗎？」

「既然你這麼想，為什麼又在我家樓下守了整夜？」

他老實的臉「轟」的刷紅，也不回答，低下頭繼續吃著他的蛋餅。

知道他其實心裡非常在意我，所以決定好不再調侃他。

「小華。」

「嗯？」

「我們結婚吧。」

我瞪大眼睛，不敢相信的盯著依舊一副老神在在的他。

「……你在開玩笑嗎？」

「我看起來像是開玩笑嗎？」他正經的開始和我分析起和他結婚的好處：「交往期間我不會光說好聽的話哄妳、騙妳，結婚後更不會如此。嫁給我之後，妳所有的開銷、花費全權由我負責，妳可以安心準備考公家機關，不必為了憂愁三餐而辛苦四處打工。這樣不是很好嗎？」

「可是……」

我還在他求婚的震驚當中，他又補上一句：「我媽媽很喜歡妳。」

他的話讓我直想翻白眼，「我又不是嫁給你媽媽。」

「只要是我喜歡的人，我媽媽也會喜歡。」

他的耳根子通紅，我的唇角也跟著往上彎了。

連「喜歡我」也說得這麼婉轉，這隻呆頭鵝可真不是普通的憨傻。

在他的幫助下，畢業前的暑假我專心準備國家考試。畢業後我順利進入臺北市政府捷運局工作，稱謂也從「蕭小姐」晉升為「謝太太。」

維希小語：

或許在這種隔代相依、中堅斷層、兩灶同源的家庭生活了太久，我已忘了一個家庭應該具備的基本元素。

但在夫婿緩緩加溫、瞬然攻城的求婚下，我也軟化了我的心防，畢竟我也想真正體會家的感覺究竟是什麼。

無法享受原生家庭的圓滿，那就創造自己想要的幸福吧！

幸福感受

老公的貼心

婚後我們都各忙各的事業，對於我的事，他很少過問，因為他相信我的工作能力，不管碰到任何問題，都可以獨當一面。下班回家後還有做不完的家務事。在柴米油鹽的生活中，我才真正體會到婚後生活的辛苦。

老公有時也會做出讓人覺得貼心的事。有時淋浴後，放鬆的躺在泡澡檜木桶時，都會想到這件傢俱的由來。

冬天，一向怕冷的我，總羨慕別人家有浴缸能泡澡。換上睡衣準備睡覺時，我隨口道：「這麼冷的天氣，如果可以天天泡澡的話，一定很幸福」。沒想到隔天下班回家，發現浴室擺了一個檜木桶。

當時我們住公寓三樓，樓梯既窄又陡，我驚訝的說：「十公斤重的檜木桶，你怎麼有辦法把它扛上來？」

他笑而不語，我感動得差一點掉下眼淚，或許這就是所謂「愛到深處時，會用整個生命的熱情，去耕耘灌溉吧！」

這個男人從 26 歲到現在 40 多歲，都只愛他老婆一人，

比起原生家庭的辛酸，足以讓我驕傲的大聲說：「我很幸福！」

相知相惜夫妻情

我的老公常自詡為理想丈夫：不抽菸、不打牌、不喝酒，沒有不良嗜好，並且愛工作、疼老婆、愛小孩，優點細數不完，自我標榜理想丈夫說的也不無道理。

說到缺點呢？脾氣高漲時，會有脫軌的、固執的堅持與主張，這時候我會退避三舍，不理他，等他情緒爆發，又自行冷卻後，我倆再來一場理性的對話、讓他自己反省一番。

不過老公這種旋風似的脾氣來得快，去得也快，一下子又是晴空萬里，無風也無浪，著實讓我哭笑不得。他也知道自己的缺點，隨著年齡增長，常說：「我是生意人，不改掉這個壞脾氣，生意難做哦！如果老婆、孩子不理我，那多不划算呢！」

女人婚後最需要老公幫助的，是真誠的支持——包括精神上與實際行動兩方面。

他的意見，中肯又有力：「從我的觀察，你這樣是不是會更好？」「你那樣會不會吃虧？」睿智的分析，懇切的

話語，炯炯的眼神；給予解惑、紓困、鼓勵，想要不服從都難呢？我隨喜老公的能力，更不時以愛語感謝老公的支持，我倆心靈相交既是夫妻又似朋友。

當夜闌人靜，我幫他油壓，消除工作疲勞，也是我倆傾談的時光，他常說：「孩子是我們的寶貝也是開心果，無論我有多忙，只要他們打電話來，我一定會先放下手邊的工作……好好照顧他們長大是我們的責任……」韶安與煒崴真是幸福，我愉悅的說：「我知道懂得將生活重心放在家裡的人才是真富有。」

暑假是孩子最快樂的時光，老公會休假幾天，開車來個定點或半島旅行，品味山明水秀與鳥語花香，享受家庭生活的樂趣。「出遊」孩子們總是依依不捨的返家，也說：「爸爸，下次要再來喔！」接著抱著老爸親親，許願未來的旅程。

日復一日、年復一年，一晃眼結婚已 20 多年了，我和老公，老公和我，就像秤不離陀，陀也不離秤，相互尊重，彼此體諒，兢兢業業在個人的職場上奮鬥，共組和樂的家庭，人生求的不就是如此嗎？

每逢結婚紀念日回想與老公結識到答應共組家庭，仍有

著甜甜的滋味。

維希小語：

　我喜歡現在的幸福，享受這樣的感覺。

　因為這是創造的快樂，合作的滿足。雖有些許不盡如人意的插曲，也產生了突如其來的功課，但這就是帶點小缺憾的天然完美。

　因為，人生的命運與成果不是機械式的模具所刻劃，而是一坯坯陶土，雙手拉出的作品，在滿身泥濘的藝術投入下，窯燒出獨一無二的自在感受。

我的新爸媽

1994 年 3 月 26 日，我在永和耕莘醫院產下一子，為他取名為「韶安」，意思是期許他有個美好、平安的一生。

生孩子對女人來說，是件極為消耗體力的浩大工程。由於年少時疲於打工賺取生活費，因此身子狀況一直都不太好。坐月子期間，婆婆一肩扛起照顧我的責任，一大早就到市場買雞、生化湯回家燉煮。產後傷口尚未復原，婆婆時時叮嚀我多休息，也無須擔心家事沒有人做。

婚後雖然和婆婆同住在一個屋簷下，但鮮少有機會能夠和她單獨相處。坐月子待在家中的時間較長，我和婆婆開始聊起心事，談起自己的童年往事、老公兒時頑皮的趣事。韶安的出生，拉近了我們婆媳間的距離。

20 多年過去了，至今我依舊心懷感激，謝謝婆婆那兩個月的細心照顧，幫我把身體調養得比以前好更多。

「家有一老如有一寶」，何況我有兩寶呢！公婆是我能夠無後顧之憂的在職場衝刺，成就事業也能享受家庭幸福的最大助力。

婚後雖然和公婆同住一個屋簷，但孩子稍長後，需要較

大的活動空間，很幸運我們在附近找到住家，另組小家庭也能兼顧照料公婆。

公公性情溫和、心地善良，只知埋頭苦幹（假日市場賣花）。老公常勸他：「老了還那麼拚命，在家養老休息吧！」

當他聽到這樣的話，總是笑笑說：「有做有動筋骨才會好，才不會老化。」

我不忍心老人家如此的辛苦，大節日也會陪他在市場賣花。當看到百合、桔梗、玫瑰、菊花……，一枝枝有了巧妙的組合後，從公公的手中一束一束遞給客人，想到公公如此稀鬆平常，很順手的樣子，和客人滿意的笑容，我何其忍心讓公公失去這分樂趣呢？

不賣花的日子，一大早，公公會到我們的住處，一面按門鈴一面高聲的說：「煒崴，爺爺來帶你上學。」我滿懷感謝的說：「爸爸，你是我們的好幫手。」煒崴有爺爺陪伴，一老一小有說有笑的上學去。

婆婆是我們家極有威嚴、有智慧的長者，持家有方，省吃節用是她的專長。有時候，我逛街看到適合她的衣服，買回家送她，她很高興嘴裡卻說：「老了！有衣服替換就

好了，這麼流行的衣服，我穿了不成老妖精才怪呢！能省則省，煒崴還小，要花很多錢養他長大的。」

我的三個大小男生，只要有小病痛或感冒時，就鬧彆扭，我會生氣的說：「生病要忍耐，要學會自己照顧自己。」兩位老人家聽到了就說：「身體不舒服，鬧鬧脾氣很正常，不要對他們太苛求。」這樣的疼子惜孫，緩和了氣氛。

晚餐是三代歡聚一堂的時光，婆婆體諒我們夫妻各忙各的事業，她會燒好一道道好菜，等著兒子、媳婦、孫子回家用餐，看著我們狼吞虎嚥的樣子，她開心的說：「慢慢吃別嗆到，盤子裡的菜，沒長翅膀不會飛走的。」

假日、節慶，家有訪客時，我幫忙煮飯、做菜、招呼親朋好友，婆婆樂得讚美：「謝謝麗華的阿嬤，將媳婦教養得這麼好！應對進退樣樣得體。」聽在耳裡，不禁又讓我勾起對阿嬤的懷念⋯⋯

感謝老天的厚愛，這個家有公公婆婆掌舵，我會珍惜與公公、婆婆在一起相處的好時光。

維希小語：

有人期待媳婦熬成婆，我卻沒有這種願望。

因為有長輩、有父母在身旁，是我從小以來沒有停止過的幻想。

有人說嫁了女兒，其實多了一個兒子。而我卻是嫁為人妻，添了父母一雙。我慶幸！

夫者，比天高，剖字即知曉；妻者，擇木而棲，夫木然優之。

婆者，女隨波，以公為尊；媳者，養生調息，非息肉也。

融為一體，沆瀣一氣，非多餘。

懂得易地而處，懂得長幼之序，媳婦即是快樂呼吸之人婦。

我感恩！

啟動成就感的 MRT

從小就一直愛作夢，我畫了好多未來的藍圖給自己，在生命中一步步的圓夢。畢業時，優異的成績讓我順利考進公家機關，但夢想並沒有停下腳步，它指引我在第一個夢想完成後，又有了第二個夢想、第三個夢想……。我知道愛作夢的我將永遠有更多的目標在前方等待，因為我深信「成功由夢想開始」。

如願以償考進捷運工程局

為興趣爭取下工地

我一直都無法理解為什麼尋常家庭中負責烹飪的是女性，可是聞名世界的大廚通常都是男性居多；為什麼一般人聽到「音樂系」都會直接聯想到女性的形象，但大家耳熟能詳的音樂家（如貝多芬、海頓、莫札特）卻是男人？男人的能力真的比女人強嗎？不！不！男人可以做的工作，女人也能做得好。

民國 81 年 6 月，我將方帽子拋向未來的天空，7 月蒙老天爺的厚愛，我甄試順利考進捷運工程局，拿到生平第一份正職工作，成為社會新鮮人。

我興高采烈的到工程局祕書處報到，得知分派擔任「總工程司祕書」一職，我的心情卻瞬間掉落谷底。

　　上班的頭一天，不少行政人員跑來和我說話，（其實他們只是充滿好奇，想知道我這個「空降部隊」究竟有多大的來頭，竟然能拿到這個肥缺。）我掩飾內心的低落，端出客氣的微笑耐心回答，其實心頭不斷的大吼：「我不是為了能坐在辦公室吹冷氣，才進捷運局工作的！我希望的是可以下工地，可以盡情的發揮在學校所學的知識與技巧啊！」

　　總工程司非常忙碌，所以我一直找不到機會向他表明自己的心願，頭幾天下班回家總沮喪不已。幸好老公體恤我的心情，安慰我、勸我不要灰心，並且不時幫我加油打氣。

　　一周後的某個下午，總工程司剛好有空檔，於是我趕緊告訴他，自己想當監工的願望。

　　他不解的望著我，「女孩子下工地會很累的。」

　　「我知道，但那才是我的興趣所在。」

　　他沈吟半晌，「最近剛好有個材試所的行政人員想調過來，不然我幫妳問問看好了。」

　　雖然那不是直接的監工單位，但總比原本的職務更能貼

近我想做的工作。

過沒幾天，我接獲調度的公文，我迫不及待的打電話告訴老公這個好消息，老公也很替我感到開心。

「我就知道妳可以辦到。」

雖然只是短短的一句話，卻讓我感受到老公不擅表達的愛意。

維希小語：

誰不喜歡安逸？我卻更喜愛挑戰！工作若不能是興趣，那將只是工作，而不是快樂。在當時的我已經不再是為錢而工作的時期了，而是要找到我自己的成就感。而這份成就感就在參與臺灣第一座 MRT 捷運系統中開始建立。我感恩！

粗中帶細的工地友誼

「材試所」負責的工作是捷運全線工程的材料試驗和檢驗，到單位後，我自告奮勇，向主任表示自己願意下工地，因此得到負責南港線 256 標、257 標材料抽檢工作。

下工地的前一晚，想到終於能學以致用，我甚至興奮的睡不著覺，隔天到工地時，其實多少有些害怕。

一大票男人身穿淺藍色工作服，露出長期日曬雨淋的黝黑臂膀，鮮黃色的安全帽因長期工作而顯得黯淡髒污，臉上掛著似乎永遠滴不完的汗水，每個人都好奇的朝我張望著。

工頭向大家介紹我時，幾個嚼著檳榔的工人面露輕視。

「小姐，這裡不是玩扮家家酒的地方喔！。」聲音不知道從哪個地方冒出來，全部的人都哄堂大笑。

我面帶微笑，堅定的目光將他們逡巡一回，「我就是知道這裡不是扮家家酒的地方，才特地請調過來的。」

其中一名工人把煙熄掉，對我比出大拇指，露出長期吸煙而黃漬的牙，「小姑娘，好氣魄！」

藉由請他們吃檳榔、抽菸，多日相處下來，我和這群工

人也培養出感情。我發現雖然有些人面容凶神惡煞，或沈默寡言，或個性直來直往，其實他們都是一群鐵錚錚的草莽英雄，卻有著一顆溫柔的心。

有次準備收工回家，綽號阿力的工人落寞地坐在樓梯口抽煙。他就是那個稱讚我有好氣魄的人。

阿力的個性向來爽朗，一直都是團隊裡的開心果。從沒見過他不開心的樣子，詢問之後，才知道原來是阿力的老婆氣他忙於工作，忘記結婚一周年的日子，所以負氣帶著滿月大的孩子回娘家。

他惱怒的耙梳頭髮，「我一直都在努力工作賺小孩的奶粉錢耶！都當媽的人了，還要計較『結婚紀念日』這玩意兒，女人可真是世界上最麻煩的動物！」

我拍拍他的肩膀，好聲好氣的安慰他：「女人哪，就算到了六十歲，還是會渴望男人能給她一點浪漫。換個角度思考，她因為愛你所以願意嫁給你；因為愛你，所以為你生兒育女；因為愛你，所以每次你疲憊的下班回家，她都會為你煮碗熱騰騰的麵不是嗎？」

阿力被我的話打動了，眼眶有點紅。「妳覺得我現在應該怎麼辦才好？」

我想一想，「帶束玫瑰花去找她吧！記得要說些肉麻點

的情話，知道嗎？」

他咂了下嘴，「就說女人很麻煩。」接著就離開了。

望著他虎背熊腰的背影，我想他應該是去花店買花了吧！

過幾天，我聽說阿力的老婆不但乖乖跟著他回家了，而且有時還會帶著愛心雞湯到工地找他，瞧他們恩愛的模樣，羨煞那一票漢子，這就是小處溫柔體貼，大處無往不利的成果。

據說離工地最近的那家花店，連續一周生意特別好，尤其是玫瑰花的銷路。由於我的一句話，點醒了阿力的溫柔，我也很高興。

維希小語：

女人不瞭解男人，卻只把愛當作靈魂。男人不瞭解女人，只懂為愛忙碌犧牲。同樣是愛，一個是細膩溫柔的對待，一個卻是粗曠勇猛的保護。表達的方式不同，就會有完全不一樣的結果。

不經一事，不長一智

豔陽高照的夏天，會突如其來一場雷雨；嚴寒霜雪的冬天，偶而也會冬陽高照。捷運局風風雨雨的日子，令我回味再三。

我在捷運局共待了將近四個寒暑，在這四年當中，感謝老天給了我高度的智慧，也磨練了我的心智，讓難關一樁樁的逐一克服。

其一：帽樑裂痕，搶救危機

民國84年，立委在媒體上披露捷運木柵線施工當中，帽樑產生裂縫，他的言論立刻在社會上引起軒然大波，因此好不容易平息反對蓋捷運的聲音，又再度沸沸揚揚，吵得不可開交。

當時我和一票工人24小時輪班鋁包板座的監測，時間長達3個月。所幸焚膏繼晷的搶救工作出現成效，才得以繼續進行下一段的工程施工。

其二：高空作業，敬業心不慌

在修建木柵線時，有一段路程是我們站在僅能容納兩、三人大小的箱子上，進行高空作業。

雖然我沒有懼高症，可是被懸在空中不免有些腳軟。我盡量不往下看，不去想如果發生意外會如何？，根本也沒有閒情逸致欣賞從高空處瞭望臺北美景，一心一意只想快點把工程做完，回到陸地上。

現在回想起來，真佩服當時的自己懸在半空中卻還能如此鎮定，我想我只是想證明自己也和男人一樣有敬業的精神吧！

其三：大停電，重建資料

有一回我在機房使用電腦，「刷」的一聲，黑暗迅速吞去我的視線，周圍烏漆一片，我的心漏跳好幾拍，頭皮瞬間發麻。並非怕黑，而是擔心這半年多的監控資料全數消失（以前電腦沒有蓄電功能）。當電力恢復後，我再次啟動電腦，果然，資料不見，也代表這半載的心血全白費了。

我沒有讓沮喪佔領自己太久，取而代之的是滿滿鬥志，想趕快把資料重新輸入電腦。約莫花上一個禮拜的時間，我才把資料全部整理完畢。

其四：不戴口罩，周周掛病號

由於工地砂石飛塵多，空氣十分污濁，我又很少戴口

罩，因此時常感冒，幾乎每周都得到耳鼻喉科報到一次。

大概去看診的周期太固定，醫生對我的職業感到十分好奇。

當我據實相告後，他十分訝異，於是問我：「女孩子跑工地不辛苦嗎？」

「『辛苦』是不分男女的，更何況很多人大學畢業後所從事的工作，都不是在學校所學到的專業知識，我能夠學以致用，這比別人要來得幸運多了。」

後來我養成下工地時記得戴口罩的習慣，這才結束每一個禮拜都必須掛病號的日子。

其五：嚴格把關，造福群眾

我的工作除了下工地外，也要巡視混泥土場、砂石場和建材廠，必須全省到處跑，感謝老公從未因為我常常外宿而責備我。

施工品質的好壞，跟材料優劣有極大的關係。我的職位看似小，其實權限很大。因為如果檢驗廠商的砂石不合格，我們可以要求廠商關廠一天，好進行追蹤砂石的流向。站在廠商的立場，他們當然不願停工一天（因為清倉

一日，他們少說會損失千萬以上），因此有些不肖廠商企圖塞紅包給我，但我總是堅定的婉拒。倘若站在第一線的我們不嚴格把關，一旦收賄，小則讓自己留下污點，大則影響到數百萬人的生命安全。

記得有回某家廠商的材料品質在過關與不過關之間，下午得再跑一趟廠商處，抽驗試體是否合乎標準。

廠商非常不高興（因為早上才去抽過一次），認為我們有意刁難，因此和同事打太極拳，任憑同事好說歹說，都不願再讓他抽檢試體。

得知消息後，我立刻動身前往廠商所在地，婉轉告訴對方我們的需求（畢竟不能得罪廠商，這時我慶幸自己以前曾在鞋店打工，練就一副好口才），對方才勉為其難的答應讓我再次抽檢。

我親自看對方職員抽出試品，將試品帶回去再次檢測，好在這回試體順利通過，我和廠商之間有點緊張的氛圍這才化解，雙方都鬆了口氣。

維希小語：

點滴在心頭的事件發生看似災難，卻是老天所給予的淬鍊機會，這是我在接下來的日子裡，能夠勇敢向上的磐石。

果然，所有的發生都是最好的發生。我感恩！

鐵漢柔情

在捷運局工作的日子，我經歷了新婚（1992年）、生子（1994年）這些人生重大階段。

依稀有印象1993年5、6月時，老是覺得精神狀況不好，也吃不太下東西，朋友推測應該是工作壓力太大的關係，但我卻不這麼認為。（我熱愛這份工作，對於自己喜歡做的事，就算有壓力，也會視其為助力而絕非阻力。）

老公心疼每次下班回家總累到趴在沙發上睡著的我，於是趁著周六帶我去醫院檢查身體，沒想到醫生送給我們一份大禮，我懷孕了。

這個喜訊讓我們欣喜若狂，回家的路上，我們不斷的討論該給孩子一個什麼樣的舒適環境、幻想孩子出生會像誰……

同事知道後也為我感到開心，甚至到懷孕後期，主任貼心調整了我的工作，讓我接下較為輕鬆的行政事務。

懷孕時我的胃口奇佳，一餐可以吃掉一個半便當。還沒懷孕前，同事都把我當作男人（我也不願在工作上輸給男人），從不會幫我分攤粗重的工作；可是懷孕後，每次我

想拿些比較重的東西（如報表或試體），每個人都爭先恐後的跑過來搶著幫我提，深怕我一個不小心會動到胎氣。

有時我會調侃同事：「這種時候，你們才當我是女人，才懂得憐香惜玉啊？」

他們也幽默的回我：「不、不，我們是怕將來寶寶出生後，會怪我們這些叔叔們讓他娘吃苦。」

那幾個月是我過得最舒服的一段日子，等到韶安出生後，家庭與工作兩頭燒，我常忘了吃早餐，也因為這樣，以前就有的老毛病（胃痛）又找上我。

同事們都很體貼，每次碰到我便問吃過飯沒，如果我說沒有，他們都會立刻替我買份餐點回來；若看到我胃痛得臉色發白，他們也會二話不說，主動幫我把未完成的工作做好。

他們的舉動，徹底扭轉了一向認為「人本自私」的我，我得到許多溫暖，也慢慢相信「人性本善」這句話。至今雖然已離開捷運局多年，我依舊想念他們，感謝老天爺給我這一票友善的同事。

維希小語：

　　沒有誰有義務一定得對你好，除非你也對人夠好。在團隊裡，工作表現當然重要，但是團隊的和諧，互助的精神更重要。

　　付出者收穫在人際關係的表現上，正是關鍵。

轉換跑道

一天中午，我婉謝同事共進午餐的邀約，獨自一個人坐在簡餐店裡。

窗明几淨的透明玻璃窗上，映著來來往往的路人，望著他們或急或緩的步伐，我任由自己的思緒由近而遠、由遠而近……

「我努力不懈的破除經濟困窘取得了學歷，也擁有溫暖和樂的家庭和穩定、朝九晚五的工作。（能發揮自己所學的專長，也得到長官的賞識與讚許和同事間暖暖的溫情。）隨著這份安逸的工作，犧牲和孩子相處的時間。從小心中立下目標，期許自己能夠有不平凡的成就，當初在胸口熊熊燃燒的壯志，今日已逐漸找不到衝勁和目標，且慢慢被消磨成心底殘餘的灰燼，讓我變成庸庸碌碌、平淡無奇的路人甲乙？」

當我沉迷於飄遠的思緒時，「嘿！麗華、麗華！」一個輕快的聲音把我從雜沓的思緒中敲醒，我轉過頭，幾乎認不出眼前這位笑容可掬的女士。

「妳還在捷運局工作吧？」她依舊是笑容滿面，眼底閃

爍著自信的光彩，可是我卻無法將她和印象中那個神情總帶著憂鬱、有些自卑的昔日同事影像重疊在一起。

「是啊！那妳呢？離職之後在哪兒高就？」

她豐腴的手臂揮啊揮的，一頭蓬鬆的捲髮隨著她的動作晃啊晃，「稱不上什麼高就啦！不過就是個小小的推銷員罷了。」

我對她的轉變產生好奇心，究竟是什麼樣的工作，能夠讓一個女人有如此亮麗的大轉變？

由於想趕在午休前回到捷運局，我並沒有太多時間能和離職同事詳談，她邀我這個禮拜三晚上參加她們（美商玫琳凱化妝品公司）的團會，我淡淡的說：「有時間，再和你聯絡。」

我一直都深深相信一件事：一位成功的現代新女性，不但應該要有份穩定的收入、談吐言之有物，外在美也該兼顧才對。星期三晚上，我隨著那位離職同事前往她們的團會，分享與往日不同的團聚。

多年過去了，我依舊記得那一夜有多麼溫馨。整個聚會到處充滿笑聲，雖然我是第一次參加這個聚會，可是無論濃妝豔抹、淡雅素顏，每個人臉上都充滿著自信的光采、

暖和的笑容，把我當成故友般的與我噓寒問暖。

再則，當我看見昔日胖胖的同事（今日已是一家公司的督導）站在講台上，像浴火重生般變得有朝氣、渾身散發領導魅力的對全場的人精神喊話時，震撼像澎湃的海浪不停的撞擊我的內心，我聽見自己內心不斷地吶喊：「啊！自信、有活力、又深深具備著領袖特質的她，不就是我所夢寐以求的形象嗎？」

沒有考慮太久，我決定成為這家公司的一份子，讓自己能夠有機會習得這份活力與朝氣。

維希小語：

我不算衝動的人，因此轉換跑道必然是有我已經考量再考量的因素。

我決定再給自己一個機會，再一次的蛻變。從勇猛的陽剛，轉為燦爛的美妙；從金屬般的技術，轉為色彩絢麗的藝術。

選擇選擇再選擇

成為玫琳凱的會員後，我一邊上化妝課，一邊學習如何推銷產品。我學會用什麼樣的方法，才能更成功的把產品推銷出去，也知道如何和陌生人預約訪談，幾個月下來，兼職的收入成績斐然，也從一般會員升等為小組長。

一日督導神情有些嚴肅的看著我：「麗華，想追逐五年後能有光鮮亮麗的生活、美侖美奐的住屋，心中就要畫下築夢的藍圖。」

她的話像是晴空驀然出現的一記閃電，狠狠地劈劃在我的心上。

如果把在捷運局的正職比喻成一條單調的直線馬路（能預知前方會出現的風景，毫無驚喜可言），那麼在玫琳凱的兼差就像是複雜的迷宮（能挑戰自我的極限），後者的工作雖然有一定的風險存在，可是也有可能獲得前者努力十年也不一定能達成的目標。（十年後我未必能坐上捷運局主任的寶座吧？）

在所有人反對、僅有丈夫支持（他永遠都是我最依賴、最可靠的後盾）的情況下，1996 年 10 月，我離開了那份人人稱羨的公職工作。

　　我再也不願過朝九晚五的生活，也不必一早匆忙的把孩子帶去保姆家、上演日復一日母子淚眼相送的揪心戲碼。

　　離職的那一天，天空灰灰的，僅有幾束金色光芒透過層層密雲灑落大地，可是我的心情卻是前所未見的輕鬆與期待。

　　剛開始在玫琳凱從兼職轉為正職時，我非常享受這樣愜意的生活：不需要一早匆匆忙忙和時間賽跑趕著上班，起床後可以悠閒的坐在餐桌前享用一杯熱茶，蓄滿能量再開始一天的工作。

　　這樣悠閒的時光沒有持續太久，我察覺自己比昔日在捷運局工作時愈發忙碌。直銷不需要打卡，可是我對業績求好心切的企圖，使我的工作時間比以前還來得漫長。

　　客戶大多都是朝九晚五的上班族，當隔壁那戶人家亮起燈，正在共享天倫之樂時，我卻得拎起公事包，準備出門拜訪客戶，或者是待在書房裡對著電腦，撥打一通又一通的客戶電話。

　　某個冬雨綿綿的夜晚，我穿著厚外套，杵在玄關許久。時鐘滴滴答答無情的警告我，距離和重要客戶約談的時間越來越近，可是韶安因為發燒而斷斷續續的啜泣聲，像是在斥責我是個不及格的母親似的不斷鞭笞我的心。

當初離開捷運局為的是什麼呢？不就是希望有更多的時間可以好好陪伴孩子成長？可是為什麼現在孩子正需要母親細心照顧、仔細呵護的重要時刻，我卻得外出洽公？

那次經驗印象極為深刻，我現在回憶起來仍然是十分愧疚。也正因為那次的突發事件，讓我停下拚業績的企圖心，好好省思自己究竟是不是該繼續做這份工作。

1997年10月，我下定決心，辭去玫琳凱的工作。可是藉由這份工作，我有機會學習到美容保養、彩妝、銷售……等技巧，也正因為曾經短暫接觸這一類的行業，奠定我現在在美容業的基礎。

姑且不論對錯，人生不就是在各個不同的階段、各個相異的空間所獲得的成就感中學習、成長嗎？感謝在玫琳凱的這段時間中，讓我學習到「上帝為你關上這道門，同時也會為你開啟另一扇窗」的真諦。

維希小語：

我的轉換跑道，轉換工作模式從來不是因為自己膽怯，也不是因為失敗，更不是因為貪婪，而是要在全方位的得失當中取得平衡。如果選擇會讓我迷失了初衷，我會重新選擇，從頭再來，追回原本憧憬的念頭。

人脈的累積

正式踏入職場後，我第一個參加的社團是「世界和平婦女會臺灣總會」。有一天，從網路上看到，世界和平婦女會臺灣總會的簡介所吸引，尤其是對宗旨的內容：

「婦女的時代是男女雙方須誠心的合作的時代，並由此了解彼此是為了使對方達成更加完美的價值而存在。」

「隨著世界趨勢的需要，世界和平婦女會將帶領婦女運用她們獨特的觀點、能力、精力、資源、經驗推動志工精神，共同的努力創建更美好的社區、社會、國家與世界。」

看到這純女性的社團後我立即申請入會，藉此回饋社會。從婦女會中我認識了張博雅會長及林淑慧祕書長、張溫鶯女士、林理俐副理事長等人，這些平常只能透過電視鏡頭看到的人，感覺此刻都離我很近了，與他們接觸後，我更看到了她們具有豐富的學識和親和的態度，這些都讓我心儀與學習的。

而婦女會對女性的教養、品格、家庭倫理的宣導及愛滋的宣導更深入。

我從女性成長的課程中更學會了「分享」，不管是春季

班或夏季班，只要有演講或烹飪（蔥油餅製作）、種花等我都不落人後的參與學習。

為了回饋，我也參與演講「女性如何兼顧家庭與事業」及「用小技術創業」等，我希望用志工的精神，奉獻我的能力與資源為其她婦女同胞來努力。簡單的說就是希望透過女性的成長來影響家庭與周圍的親人、鄰居、朋友們。

婦女會在張會長博雅的帶領下，讓我更懂得謙虛更懂得感恩與回饋。也由於自己的努力獲得會長的欣賞與肯定，2007年在十大傑出青年選拔時有機會被推薦，當時我的心境一則以喜，一則以憂。喜的是受人肯定的榮耀；憂的是我若得獎，獲得最高榮譽的頭銜後，我怕會壓住我的發展性呢！

我第二個參加的社團是「台北縣永和市國際青年商會」。

因為從小爸爸參加了獅子會，讓我很羨慕，我也有企圖心，於是想加入青商會。同樣的，我從網路看到相關的資訊，就填了入會申請書，可是沒有得到回音，經過半年後，突然會長請我去會址參與活動，於是成了青商會的一員，這才發現會員都是企業家庭的第二代，注重倫理輩分及吃

吃喝喝的生態，讓我覺得新奇。

初始，我學習各位委員們的思維與辦事方法，直到我做了「會擴主委」後，越來越覺得這兒 40 歲以下只有參與權沒有選舉權，況且我也沒有第二代企業子弟的頭銜，更擔心迷失於吃吃喝喝的生態中，加入會員的意義也已失焦了，這不是我要的，於是放棄了。

我第三個參加的社團是「財團法人亞太文化交流學術基金會」。

亞太基金會是個中立的團體，成立的目的之一就是想了解韓國的努力給我們臺灣年輕學子帶來了衝擊影響是什麼。當時我擔任無給職的祕書長，讓我認識一些政治人物，開拓了我的視野。

有一次，韓國有 21 位議員要來臺灣訪問，想正式拜訪立法院，由我們基金會接洽安排的過程中，並不是那麼的順利與快速，讓我瞭解人脈關係的溝通與累積是多麼的重要。就在這時我認識了吳伯雄先生與陳文茜小姐、范巽綠董事等人。

中韓兩岸的交流頻繁後，前駐韓代表李在方先生邀請基金會吳董事長能前往韓國參觀，我也有幸隨行。

參訪行程中，關於韓國大使館周邊土地評估是否能買回，對垃圾處理讓垃圾怎樣變黃金、垃圾焚化⋯⋯等問題的探索，因而認識了韓國國家黨議員們及韓國代表處的祕書，待雙方熟識後往來更密切，基金會也開始研究了「韓國的崛起」。

　　它給了年輕人什麼？有哪些的影響？都值得我們學習嗎？這些都成了探討的重點。

　　之後因為「臺灣美容技藝協會」成立了，時間不允許我在亞太基金會裡幫忙，因此建議吳董事長能再請一位助理祕書，當助理祕書上軌道後，平日也就較少接觸基金會業務。

　　打從心裡「感謝吳董事長的照顧，將無給職的祕書長責任交給我」，其間，他讓我能用超然、客觀的立場與之平起平坐，最感激的是，在基金會的歷練與人脈，更成了日後我在職場上的資產，銘感在心。

維希小語：

人脈的建立是在奉獻中建構，沒有付出行動力，何來展現有意義的價值感受。人脈大家都知道重要，卻不知到如何打造有意義的人脈系統。你認識多少人，不重要；重要的是，有多少人想要認識你。

多少人認識了你，也不重要；而是多少人認識了你，不會在背後唾棄。

你需要幫助時，輕輕的一句就能獲得幫助，這必須建立自己值得被信任的人脈口碑。

有人說人脈就是錢脈，我覺得這是誤導貪婪的迷失。

正確來說，人脈是人們在社會生存是否能夠循環順暢的血流命脈！

深刻體會這句話，你就不會再急急忙忙的想認識誰，而會在踏實的舞台上真誠奉獻。

創業維艱

想起來也覺得好笑，原本只是開玩笑的跟丈夫提議合夥開公司，沒想到後來竟也做出一點不錯的成績。

1999 年 4 月（當時懷著煒崴），在不算充裕（身上不過只有 30 餘萬現金）的情況下，屬於我們的公司——召寶企業正式成立。

由於沒有太多的資金，所以我和丈夫商討後，決定營運的方向——接洽政府採購案，（和政府買賣有一定的保障，也有固定的流程。）從這個角度切入商場，是最妥當不過的了。

公司草創時期，我們的辦公室就是自個兒的家。不管是會計或是業務，全由我與先生一手包下，一下跑外頭、一下在家裡接聽電話，一下又得跑去保姆那接韶安，隨手抓個麵包、土司充飢更是常發生的事。

我像顆不斷旋轉的陀螺，生活遠比以前任何一份工作還來得忙碌。可是我一點都不覺得辛苦，因為我相信這份工作能帶給我的家人更好、更舒適的環境。

　　攢下一筆錢之後，召寶開始向國外訂購研究室使用的科學儀器（分析儀器）。就像是一件新產品上架，除了功能適用與否外，如何包裝、推銷更是一門學問。

　　因緣際會之下，我們認識了蕭開平醫師（他的專業領域在研究生理解剖學）。蕭醫師在美國參加研討會時，接觸N95口罩。他詢問我們：「臺灣有代理這項商品嗎？」

　　我們搖搖頭，他的眉頭皺了起來，「臺灣人應該很需要這項產品才是啊！」

　　他的這句話，讓我憶起以前在捷運局下工地的那段日子，常常因為混濁的空氣造成呼吸道系統感染。我想不只是在工地工作的人需要，在醫院中來回穿梭的人（不管是病人、醫生或護士）遠比在其他職場工作的人更容易感染細菌，況且N95口罩可以過濾細微的病毒（「N」代表其材質僅適用於過濾非油性粉塵，「95」則是代表過濾效能達至少達95%效能），能夠有效減低感染肺結核疾病的傳染機會，這麼好的產品，目前臺灣卻無人代理，這產品應該能帶來商機，我和丈夫立刻討論代理的可能性與市場銷售的通路。

維希小語：

　　創業絕對不是賺錢的最佳選擇，卻必然是實現理想的不二門。因為只有老闆才能決定事業的方向，卻也必須為所有的決策與執行的結果負全盤的責任。

　　當然可能挫折、痛苦、悔不當初。

　　但，沒試過，連失敗的機會都沒有。因此我選擇給自己一個闖蕩、嘗試、圓夢的機會。於是，我行動！我感恩！為我的勇敢——感恩！

N95 傳奇

國外認可代理商品的標準，在於公司經營生存率長達 7 年以上，當時召寶只成立 1 年，還算是個新公司，我們斟酌許久代理的可能性與市場通路，最後決定拚一次試試看。

我們和國外廠商洽談、斡旋了 1 年後，順利拿下 N95 口罩的代理權。

當下的喜悅與成就感是難以言喻的，但緊隨而來的卻是龐大的壓力：公司一年必須銷售百萬元業績，才能繼續代理這項產品。

壓力究竟是阻力還是助力，端看每個人面對問題的態度。我在腦中迅速盤算、評估後，決定去拜訪各大醫院（如榮總、臺大）嘗試看看。

我們花了幾天的時間，將 N95 口罩等產品的相關資訊，整理成幾張簡明扼要又不失特色的簡報，開始在各大醫院奔波、介紹、推銷，一個接著一個醫生不斷的拜訪、說明產品。最常遇到的情況，是醫生隨意收進抽屜，含糊應幾聲，便急著打發我離開，方便繼續他的工作。

每天裝滿一只公事包的資料，回家時幾乎是空的，可是

卻不曾接到一通訂購的電話。

　　某天臨近中午，我想這時醫生正值休診時間，有空閒可以好好聽我解說吧！可是當我走進醫生的診療室時，好幾雙眼盯著我看，眸中盡是不屑與嘲笑。

　　我選擇忽略那些不友善的目光，強打直身體，端出最親切的笑容，翻開資料一一仔細的和對方分析使用 N95 口罩的必須性。

　　穿著象徵神聖的白袍醫生翹著二郎腿，食指點了點資料上的字，語氣不無譏諷的說：「這句『拯救別人之前，先保護自己』說得真好啊！拯救生命畢竟是醫生的職責所在嘛！不知道貴公司有沒有興趣代理防彈衣或是盔甲呢？我想戰地醫生應該會很需要這項產品喔！」

　　他話才剛說完，其他醫生全笑成一團。

　　我忘了是怎麼走出那間特別冷的診療室，也不記得自己的笑容是否太過僵硬。

　　那位醫師的話卻重重的傷害了我。那句「治療別人之前，先保護自己」是我徹夜思索後，才想出既適合又極具震撼力的標語，當下的心情有多麼的鬱悶、難過。我把早晨隨手在桌上拿起的波蘿麵包，緊緊的捏成一團，再餓也

吞不下那簡便的午餐。

抬頭望著天空，告訴自己不能為了一點點挫折，放棄心中的夢想，於是我拍拍自己的臉，露出個堅定的微笑，邁開步伐拜訪下一間醫院。

捐獻 N95 口罩共抗 SARS

持續 4、5 個月連一張訂單也沒有的打擊，一度讓我想放棄。這時我接到臺北醫院致電下訂單，雖然對方要的量並不大，但是那就像瀕死的人嚐到的一滴露水，讓我再次擁有信心，繼續向國外添購產品。

不到 1 年的時間，和平醫院也陸陸續續下訂單。當時（2003 年初）SARS 疫情尚未被媒體披露，可是好似連鎖反應般，各大醫院也紛紛打電話來訂購，就連之前蠻不在意、或是曾嘲諷過我的醫生，也低聲下氣的請我們幫忙。

不畏辛苦、無懼他人嘲弄所種下的種子，在此刻發芽茁壯起來。

公司的名號在醫學界以驚人的速度打響，連衛生署得知我們公司有代理 N95 口罩後，也找上門（因為政府尋覓不到貨源）。來電購買口罩的電話總是響個沒停不說，公司每天還未正式營業前，門外已是大排長龍，每個人都翹首引頸盼望公司開門。當時曾經一天當中，有三大貨櫃進入

臺灣，創下全臺灣最大進貨量前五名。

身為 N95 口罩的代理商，我明白自己身上肩負著極大的
責任，也知道當時臺灣陷入恐慌，我們分文不收，主動將
口罩捐給各大醫院，希望這點微薄的力量可以幫助到更多
的人，回饋社會之舉，讓我們收到不少醫院的感謝函。

> ### 維希小語：
>
> 我絕對不想發災難財，因為根本不希望災難在人世間到
> 來。
>
> 但總希望在災難來時，人們能有多一分防範。
>
> N95 確實是在我的手中聲名大噪，確實也在 SARS 時期
> 供不應求，這在我心中是交錯的複雜心境，因為我震撼著
> 當時的死亡人數，卻也感恩在當下創業的方向能夠為社會
> 幫上一點忙。

人怕出名豬怕肥

販賣口罩讓公司有一筆不錯的進帳，於是有親友笑我們是笨蛋（因為若把口罩賣給藥局，可以拿到更高的利潤）。「錢非萬能，但沒有錢卻是萬萬不能」這句話我不是不懂，可是一想到還有那麼多人需要這項商品，我又怎麼能為了迅速累積財富而昧著良心賺取黑心錢？

除此之外，許久不曾聯絡的人士藉由平面媒體報導，得知我小有名氣後，紛紛打電話來攀親帶故。

印象最深刻的，是有一回接近晚上十點，我正準備關電腦休息，手機顯示一串陌生的號碼。

才剛接起，話筒的那頭傳來過份親暱與熱絡的聲音：「麗華嗎？是麗華嗎？我是小張。」

「小張？」我丈二金剛，完全不知道對方是誰時，自稱小張的人又滔滔不絕的直拍我的馬屁：「當年那個小小、不起眼的餐廳服務生，現在可是名人了咧，翻開報紙都會看見妳的專訪。什麼時候可以和我拍張照、簽個名，好讓我留作紀念啊？」

靠著那句「餐廳服務生」，才讓我想起他是我在西餐廳

打工時，曾共事一段日子的朋友。

焦頭爛額忙了整天之後，我真的沒有多餘的精力陪他閒聊。雖然我不確定對方究竟存著什麼樣的心態，多年後主動聯繫我，可是我還是和他約了個時間碰面。

我們找了一家簡餐店，才剛坐下來，小張便翹起二郎腿，把服務生遞上的菜單推到一旁，輕慢的勾勾指頭，「給我來一道最貴的餐。」說完後，他瞇著眼直衝著我笑，「妳現在是有錢人囉，讓妳請一頓不為過吧？」

我扯個笑沒有回聲，心中大概猜測得到，他究竟打什麼如意算盤。

一頓飯下來，他說得天花亂墜，把我描述得幾乎跟主耶穌、觀世音菩薩一樣偉大。可是那些花言巧語並未讓我覺得得意或者開心，因為我心如明鏡，知道有今天的成果，除了在初期比別人更加努力推銷外，還有時運正巧而已。

吃完飯後，我幫小張付了帳，他單手插著腰，嘴裡還叼了根牙籤，「嘖嘖！有錢人出手果然很大方。噢！對了，妳那邊缺不缺人啊？我很勤快的，鐵定可以幫妳賺進大把大把的鈔票。」

我客氣的告知他，公司目前不缺人手，他的臉瞬間佈

上一層厚厚的霜雪，「妳不要以為自己比別人多賺幾個子兒，就開始跩起來了喔！」

「真的不是這樣，公司真的不缺……」

「不過是報紙捧了妳幾句，妳就真以為自己了不起啊？哼！」

看著他忿忿揚長而去的背影，除了苦笑，我真的不知道還能做什麼樣的反應。俗諺云：「樹大招風」，反映在現實社會中，或許這是必然的模式吧！

維希小語：

創業不是賭博，生意不是生出產品就有意義。創業前的規畫評估，創業後的戰戰兢兢、努力奮鬥、不畏艱難，都是創業的必經歷程。

失敗了，有噓聲！成功了，分杯羹！眼睛紅，這是自然。

生意是生生不息的創意，卻也必須是好生之德的心意，只要有這兩意，假以時日，或許也有兩億。但，奮鬥是本，貪婪是火，切勿引火自焚失了本。

黃粱一夢

　　有了 N95 口罩的經驗，我和先生更加肯定生命防護的商品是國人亟需注重且需要的，因此更致力於推廣相關產品，成為美國 Survivior 公司（生產災害救命包，俗稱「地震救命包」）除了日本以外的亞洲區代理商，也是多次記者會上最受矚目的焦點。然而如此高度的曝光率並沒有和業績成正比（即使我們多麼努力推廣「事先防範勝於事後治療」的重要，依舊無法挽住國人對 SARS 記憶消退的狂瀾）。

　　我和先生當時常秉燭達旦，商討讓公司業績成長的對策，苦思多日後，我們決定將商品觸角深入對岸，期盼能為公司帶來另一波事業高峰。

　　由於先前有存下一筆資金，此時正好能派上用場，到對岸推廣不消幾日，便有大陸廠商主動接洽。

　　最初我們選擇在瀋陽扎根，先生留在臺灣處理公司業務，我則開始當起空中飛人，在臺海兩岸往返奔波與對岸廠商交涉。

　　隻身挺進內陸的心情是既興奮又有點忐忑不安的，我一

方面讚嘆瀋陽繁華的街頭不遜臺北的冗忙，一方面也擔心公司是不是能順利打入對岸市場。

每到華燈初上，我拖著疲憊的身體回到飯店後，望著燦亮如畫的街景，心中總是感到特別孤單與寂寞。

可是轉念一想，俗語說：「錢非萬能，但沒有錢萬萬不能」。我不斷的提醒自己：有充裕的經濟基礎，不但可以不愁下餐能否溫飽，也可以給孩子更舒適的生活環境以及良好的教育。所以我總是精神百倍地迎接每一天的到來。

除了瀋陽，我也去過廈門、廣東、深圳等地。對岸廠商見我是一介小女子，一個人單打獨鬥，有的人不吝給予鼓勵與讚許，但調侃或輕浮挖苦的人也不少。不管是正向或負面的批評與指教，我全化作繼續努力的能量，絲毫沒有猶豫及退縮。

有一回我和瀋陽某大廠商接洽，對方是個中年男子，生得白白淨淨，還戴著一副黑框眼鏡，談吐言之有物，給人的印象十分良好。

除去公事以外，他也熱心的帶我參觀附近的寺廟古剎、盛京三陵等名勝，還教我一些大陸人使用的商業術語。

幾日後，他一口氣便下了 1000 萬的訂單，我興奮得不得

了，立刻打電話回臺灣，告知老公這個好消息。

老公得知後也替我感到開心，不忘囑咐 1000 萬不是個小數目，簽合同時要仔細點，千萬不要受騙上當。

記得簽約的那一天，我謹慎的檢視對方公司證件等資料，甚至煞有介事的請地方官員來見證。一方面對方表現出的誠意十足，再加上對方給的文件很詳細，所以我也不疑有他的簽下合約。

拗不過對方盛情邀約，當天晚上我們前往瀋陽最負盛名的大酒店吃飯。席間對方不斷勸酒，我不想破壞歡樂的氣氛，也不想示弱，於是白酒一杯、兩杯，最後根本不記得自己究竟飲下多少杯白酒。

回到飯店後，我第一件事就是衝進廁所，抱著馬桶狂吐。

飯局每天都會上演一回，為了能讓對方留下好印象，即使每天喝得醉茫茫、每夜都得吐得亂七八糟，我依舊苦撐著，只要這件案子能順利完成，我的付出與辛苦都是有代價的。

第一批貨送過去後，對方也立即匯款過來。雖然金額不多，但我知道商場上有時會有資金周轉不靈的問題，再加

上對方信誓旦旦的保證，只要我把第二批貨送過去，他們一定會把錢付清，所以我也沒想到對方可能有意詐騙。

可是當第二批貨依約送過去，對方卻沒有如期匯款。等了兩、三天後，我打電話給他，卻赫然發現對方給的電話已被解約停止付話。

當下我如同被閃電狠狠的劈擊，我癱坐在高級飯店的房間裡，楞楞的望著窗外底下的車水馬龍，不敢相信在商場闖蕩好幾年的自己，居然還是受騙了。

我以為自己夠勇敢、具備足夠的智慧面臨商場上的爾虞我詐，可是這次的事件讓我知道，原來自己的磨練不夠，還有好多、好多需要我下功夫學習的地方。

這次失利，讓我的情緒跌到谷底，想起這段時日都得不畏辛勞的從上海轉機到香港、再回到臺灣，可是換來的卻是黃粱一夢。於是我決定收拾好行囊，回到臺灣，最起碼在臺灣就算事業不得意，但我最少能夠把家庭顧好，給孩子與丈夫一個完整的家。

維希小語：

信任必須驗證，也有程度上的差異，風險評估是絕對的必然。

小信任是給機會，大信任卻經常是盲目。朋友是朋友，生意是生意，千萬不要衝動行事，有時陪了夫人又折兵，有時連本帶利變空無，有時負債累累找誰要，有時精神崩潰毀一生。

有人說富貴險中求，那麼我寧可選擇低風險的平淡踏實。事業是經營，不是賭博。規矩必須照做，沒有唾沫能左右。

颱風

　　每次到了颱風，我總會想起小時候的景象。那是沒有人會知道的淒涼，沒有爸爸在身旁，沒有媽媽在廚房，只有奶奶一駝老背可依偎，再則姊妹窩一床。

　　平房深怕水躍上，
　　風大更怕屋頂翻，
　　稻田綠油已淹沒，
　　心痛只能自己嚐。

　　颱風，豈是都市高樓所能體會的感傷。
　　輾轉回頭望，已是多年往事在眼眶，但我卻難忘，因為那是我成長的故鄉。

　　我看到了太多無法照料自己的生命，所以我極盡所能的幫忙，因為他們需要溫暖，就像我小時候一樣。

　　我想起了我的名字我的姓，蕭麗華的年幼竟是如此蒼桑。

　　蕭瑟風雨中，誰在我身旁，
　　麗秀年華時，只有阿嬤在看望。

　　此刻的我，好想我的阿嬤，因為她也是我的父親、我的娘。

阿嬤走了，我瞬然迷惘，似乎已少了真正可以孝敬的方向。

　　窗外雨滂沱，遠望樹飄蕩。
　　風聲陣陣響，似乎阿嬤在說謊，說她依舊在兩旁。

　　我還來不及讓您感受苦盡甘來的甜釀，您怎能輕輕把手放。

　　您還沒有看見曾孫兒的奮鬥成長，又怎能將那慈悲和藹的雙眼就此閉上。

　　風雨越來越大，沖刷著我早已淚濕的過往，似乎阿嬤又在說話，說著：

　　妳是阿嬤心中的期望，因為阿嬤知道妳最勇敢，
　　妳的身體要強壯，才能完成阿嬤的願望。
　　天下何處不蒼涼，只要幫助就能有希望。
　　妳是天空飛翔的衣裳，要為冷冷的人們穿上。
　　妳是幸福缺憾者的縫紉師，要為脆弱的生命補上堅強。

　　當他們的爹娘，就像阿嬤一樣。

維希小語：

　　沒有阿嬤就沒有今天的我，成長的淬鍊中還好有著阿嬤在生命中存在，陪我度過所有的颱風夜，讓我的人生不至於如同風吹的泡沫，而是有根的花朵。阿嬤，我是阿華！謝謝您！我愛您！

婆媳

婆媳問題一直是所有人婚後的普遍問題，只要你們是住在一起。

不住在一起就沒問題嗎？其實只是少了摩擦的機率。

因為婆媳都是人，難得出聖人。

要沒婆媳問題，必須先有一方擁有智慧，才能化解歷史殘留的宿命。因為婆媳更勝於老兵欺負新兵的問題。

這是一門藝術，當夫君效忠於妳，其實妳已經可以揚眉吐氣，因為離婚率已近六成的時局，主要的原因是情、錢、相處的問題。

既然如此，如何因應來自愛情之後婚姻的附加價值呢？珍惜，誠意，虛心，學習。

妳接收了婆婆的得意作品，妳豈能否定工廠的品質控管能力？誠心的表示感激，因為工廠的入料得宜，QA、QC 都盡力。

妳如同消費者，開始品嚐體驗商品的真實點滴，難免有不滿意，但這必須先檢討自己當初是因為包裝的美麗還是

內料的合心合意。

　　沒有一間工廠喜歡被批評商品的問題，同樣的，商品也很難接受工廠被質疑，抱怨只會增加消費過程的不滿意，甚至衍生創傷記憶。

　　「讚美、感恩」是最美的回應。

　　當妳是婆家，那請妳放下，商品已經售出的實質意義，面對接受兒子已不再完整屬於妳。他已經可以獨立面對人生所有的問題，別再重演媳婦熬成婆的悲劇。

　　時代的不同，所有的人都在持續選擇的世界中過生活，以愛惜女兒的心，憐憫過去的自己，善待來自另外一個家庭的妳。

　　妳該滿意，有人選擇了妳所最愛，願意與其共度一生，延續妳不可能永遠持續的生命力。媳婦是母愛的延續，是生命的奇蹟。

　　「讚美、感恩」是最溫暖的疼惜。

維希小語：

我蕭麗華，感恩婆婆的點點滴滴，如我生命的母親，彌補我兒時的缺憾，填滿我所有的慘痛記憶。

我們沒有婆媳問題，只有「讚美與感恩」，在每一個共同的日子裡。

朋友

朋友是人生最重要的夥伴，

知己是生命最重要的朋友，

父母兒女兄弟姊妹都應該是朋友，必須是知己。

然而，這卻很困難。

父母用一生的愛疼惜呵護我們，我們有把他們當知己嗎？

不，一切的美好對待，似乎都是理所當然。

都說：「你們不懂我，別人的爸媽好過你。」

陌生人一個小動作，我們卻感激莫名，因為他們沒有義務這麼做。難道父母的一切都是義務嗎？

時代的錯誤認知，讓親情變得廉價，讓友誼必然萬歲。

然而，從陌生到朋友，我們花了多少時間經營，花了多少精神瞭解？

片面的知悉，卻經常是落入了人性的陷阱，這是危險的，這是陷自己於困境的。

我們告誡兒女不要網路交友，不要太容易相信陌生人，

但我們自己呢？

什麼樣的朋友都可以有，甚至也都應該有，因為我們不知道何時我們會需要他們的幫助。

但，朋友的深淺並非來自平日的熱絡酒肉，更非來自無意義的胡扯瞎混。

親近善知識，便能有良知。群聚惡念頭，便易行愚痴。

我們的朋友圈，決定了我們的視野。我們的左右伴，決定了別人的觀感。

或許，你會說管他別人怎麼看！是的，等你有能力選擇朋友，判斷是非時，這句話才沒有錯。

古云：「近墨黑，近朱赤。」

值得深交的朋友，不會教你往歪裡走；值得深交的朋友，不會對你說謊，誘惑，只為了利用你的無知，脆弱嚐甜頭。

朋友，是人生一大學問。有人終其一生，都依舊不知其真諦之所在。

古云：「君子之交淡如水。」

今說：「在你需要幫助時，義無反顧幫助你的才是朋友。

友，發乎情，止乎禮。再熟都得以禮相待，再愛都得相敬如賓，這才是友誼之道。

知己，豈能因知而方便之所害。

知己，豈能非禮於言語，非義於思緒。

知己，必換立場，真情義。

誰都不希望，最後只是誤會一場的對立。

無欲，方能行遍天下遇知己。

維希小語：

在我離開家庭北上闖江山之際，一路上的貴人都是我生命中最重要的朋友。感恩您們的出現，不論是長輩、平輩、晚輩，因為您們的出現才能讓我在危機四伏的洪流中不被沖走。

而今我已上岸，我除了感恩，也願意擔任所有朋友生命中關鍵時刻的貴人。不論生命的輾轉，不論緣分的流竄，即使瞬間相遇又再分離，卻因為這一念，我們必然會有再相遇的一天！

最牛的愛

華爾街的象徵就是金牛，就是金錢，就是財富，就是瞬息萬變的起落。

如果你把希望放在股市，命運不是你的。

如果你的夢想只在房市，泡沫隨時破滅。

人生還有很多其他的事，需要美好的情緒，別浪費時間在這裡。

我奮鬥的歷程，就是最好的寫照！

我是金牛座，對事情的看待有我根深蒂固的堅持。

我懂得目標的前進，不是逐水草而居，而是踏實耕耘。

我有一對牛角，不是鑽牛角尖的牛脾氣，卻是保護脆弱軀體的勇氣。

我有一身厚重的牛皮，那是我坦蕩五臟六腑的堅實外衣。

我來自宜蘭富饒的土地，卻忘了認真呼吸當地最美的空氣。我加速了我的足跡，為了扭轉命運，錯把牛腿當馬蹄。

我拚命奔跑，衝向目標，我幻想我是獅子。

我張開了巨螯，保護我的家人，恍然成為了巨蟹。

我衝出了人生的瓶頸，打開了瓶蓋，我是蛻變的水瓶。

我思考太久，絞盡了靈感，渴望雙子般的大腦。卻在理性與感性的平衡中找到心中的天秤。

我勇敢太久，忘了自己性別是女，卻在自己的性向裡找到了對人事物的龜毛，原來我也有處女座的特質，尤其是遇到了我的命中註定，在轉角。

我不知道什麼是對的人，只知道來自雙手的溫度已經讓我心靈暖和，作夢都微笑。

他不懂太多的浪漫，卻反而是最穩健的依靠。

他會反覆提醒我踏出的每一腳，彷若媽媽的嘮叨。

他會靜靜的守著，害怕我受傷時沒人照料。

他會看著我奔跑，鼓勵我跳躍，用最堅實的後盾告訴我，不必怕跌倒。

夠了！這已經是我所要，因為他是金牛座，真正的金牛，一隻血統純正的金牛，照料著我這隻多重性格的外星

金牛。

我們偶然紅眼也鬥牛，卻不讓彼此的愛成為火牛；

我們偶然沉潛為水牛，卻不讓彼此的承諾變黃牛。

我們互補彼此的不足，堅守自己的崗位。

時而短暫交會的眼神，已知心靈深處的訊息。

時而互望感動的淚水，喜悅當下愛的滿足。

多年來的相知相惜，最懂我的心，也是最牛的愛。

謝金志，謝謝你，謝謝這最牛的愛！

謝天謝地謝金志

生命有你才有愛

我蕭麗華，下輩子還要當你的妻子！

若生為男身，汝為女，我必娶妳！換我守護妳！

謝金志，我愛你！

維希小語：

因為這份最牛的愛，才讓我今生真正有了家的踏實。

因為有了你的愛，才讓我真正開啟奉獻的本能。因為是你打開了這個愛的閘門開關，讓真誠的小愛大愛一起泉湧而出，讓我的靈魂不再有障礙。

·貳·
奉獻的蛻變

奉獻的蛻變

我的幸福，起於快樂；

我的快樂，來自奉獻。

人有旦夕禍福，月有陰晴圓缺。人世間所有的過程，似乎是早已寫好的劇本，我們只是按照劇本表演，有時演得好，有時演得差，時而是主角，時而是配角，時而是丑角，甚至時而只是道具。

雖說是命運的劇本，但所有的展現盡是我們自己所掌控，這才是掌控命運，而非狂妄的人定勝天。

子曰三十而立，四十而不惑，五十而知天命，看來我已提早知了天命，因為我「立」得更早。

提早辛苦提早甜，提早跌倒提早立。原來人生的酸甜苦辣都在我年幼成長時，獨自闖蕩江山時，早已品味完畢。於是我頂天立地，加速了孔子所云的境界歷程。

小時候，命運把我從幸福中捐了出來，這是我深刻品嚐的酸楚與苦痛。

長大了，我把自己從快樂捐了出去，這是我淺嚐甘味，

甜到心頭的滋潤。

無常來了，在生老病死中讓我感受劇本安排的嗆辣，這是我更加輾轉起伏的多層次口感。

歷經酸甜苦辣，我依然選擇奉獻，即使是癌症在我身上摧殘的時刻，我依舊願意盡己所能，燃燒自己，照亮世界，讓這光線能波送多遠就多遠。

我願陪伴姊妹走過心「酸」；

我願給與夥伴體驗香「甜」；

我願教育學生闖出痛「苦」；

我願領導團隊享受麻「辣」。

在愛的光中我已不是我，因為我已「忘我」。

我努力進入更高頻率的次元，奉獻更多，成就「無我」，在奉獻中「持續蛻變」。

我要你快樂，你必然幸福！

酸

「酸楚」是一種椎心的感受，從心底油然而生的苦澀，這樣的滋味沒有嚐過，恰似辜負了生命中必品的佳餚。

酸是悲，酸是哀，酸是自我憐憫的淒涼；酸是振奮，酸是刺激，酸是成長的開始，酸是激勵的動能。

我的成長，就從酸開始。

但我酸的是自己，酸的是內化，而非言語傷人的刺痛。但，酸自己久了，卻是胃食道逆流的千瘡百孔，亦似十二指腸潰瘍的伴血而出，這是身心最大傷害。

我將酸楚轉為希望，將酸楚轉為愛之光，不再為己而傷感，只為蒼生而放光。

社會各個角落的悲涼，我感同身受，因此我投身公益，不遺餘力。

在化學的角度，酸是一種氧化的現象，醇氧化為醛，醛再氧化成酸，因此算是歷練的成長之必然。

在生物的角度，口感酸澀的食物經常是最鹼性的食品，例如梅子、檸檬，吃進體內卻反而成為鹼性的體質。因此

透過酸的磨練，才有健康的身心靈。

　　酸是奉獻的起源，因為這是同理心的真切感受。

　　因此，我願將己之幸福，轉為蒼生之快樂，讓彼此只有淺嚐酸楚，生命總是甘甜。

甜

甜是舌之甘，美為喉之韻。

甜是花蕾的誘惑，盛開之時，蜂蝶環繞，沾染爭食，但卻也帶動雄蕊花粉的傳遞，如同重賞之下必有勇夫一般。

甜是輾轉的成長，甘蔗節節高升，內孕糖分的滋養。卻也在向上茁壯的過程中歷練風霜。

蜜蜂將蜜帶回了蜂巢，用蜂蠟封存在完美的六角結構中，這是生命傳承的安然，就像人類的穀倉。

人們將蔗化成了糖，從原始的黑糖，變成紅糖、白糖、方糖，甜暖了各種食物的甘美。

當然，甜不是只有蜜與糖，也有人造的甘味劑，但這卻是化學傷害的迷惘。

就如同生命的回甘，必從苦盡而來，而非自我欺瞞的假象。

甜太久了，會膩，會渴，會需要沖淡，會不懂珍藏。

因此，人們不該只讓自己在幸福裡，而不見隱藏萬家燈火中的苦難。

在自己可以幫助的節骨眼上，我們總該雪中送炭，給寒凍中的生靈也能有溫暖的火光。

黑暗，總是渺茫。點火，才不被世界遺忘。

我們今日點了光，來日我們才能看得見。

我們今日給了暖，來日才能不寒涼。

生命多愚昧，我們豈能跟著無智商。

生命多貪婪，我們豈能不知「錢應該前往的方向」。

付出者收穫，只有付出才有收穫。

照亮別人，才是光的責任。

給別人身暖，才是心的溫度。

甜讓別人嚐，心頭便回甘。

苦

吃苦如吃補，這是臺灣經濟奇蹟的濫觴。

臺灣精神在過去翻轉命運的過程中，令人敬佩，令人玩味，而今只能在荒煙蔓草間尋找鳳毛麟角的片段。

創造成就的過程，苦是必然的。怕苦談什麼成功？怕苦就不要廢話。我就是從艱困中苦熬過來，熬著熬著就習慣了，熬著熬著就芬芳了，就香甜了。

苦味養心，這是五行運轉的自然。吃了苦，心就穩了；吃了苦，心就踏實了。

不能嚐得苦，心中無所住；不曾嚐過苦，人生無覓處。沒有吃過苦頭，怎讓幸福上心頭？因此，愛自己就要讓自己吃苦，吃得苦中苦，方為人上人。這樣的感受在我心中紮實烙印。

我已經不知什麼是苦，更不知苦為何物，天下辛酸盡甘美，滿山苦果皆佳餚。

但，我受不住眼前弱勢的苦，我看不下孤苦無依者的苦，我不忍聽眾多婦女蒼茫的苦。我願幫助她們逃出苦難，我願幫助她們打開迷茫的心牢。

讓她們也能苦中作樂，苦練功夫，苦盡甘來。品味人生的歷練滋味。

我要帶領姊妹們，快樂、開心，遠離所謂心情的不好。因為我們忙著送幸福，忙著給溫度，沒時間心情不好。

沒有人能讓你心情不好

除非你自己不想好

你不放下昨天

如何抓取今天

你不放下痛苦

如何捧著幸福

提不起，就放下

放不下，就提著

行動瞬然，心境淡然

讚美，人生經歷的每一種苦

姊妹別枯，孩子別哭，我們很酷！

辣

辣是一種武裝，辣是一種自我保護，辣是一種凸顯，辣是一種奮鬥，辣是一種正能量的釋放。

但，我的辣不是麻辣，不是嗆辣，不是人們口中形容的辣。

我內在保守，外在純樸，不迷亂物質，不想要虛浮榮華，只在乎平衡的身心靈。

我辣，辣在對真理的執著，辣在對正義的執行，辣在對濟弱扶傾的堅持，辣在對承諾的實踐，辣在對人間溫度的沸騰，辣在對生命價值的燃燒。

我辣，辣在對子女訓練的嚴格，辣在對人與人互動時的忠貞，辣在對是非格局的看待，辣在對團隊向心力的躍升。

我辣，辣在言行合一的要求，辣在尊師重道的禮節，辣在無欲則剛的內在。

我可以一無所有，我可以傾囊相授，我可以遍體鱗傷，我可以奉獻全世界，就是不能出賣本質的靈魂。

而我的靈魂已與世界融合，取之於寰宇，用之於天下。因為我是蕭麗華，維希蕭麗華，維繫眾人希望的蕭麗華。

我為天下而活，世界為我而存在，我已沒有狹小的渴望，卻有大夢在潛藏。我不為我自己，不為小我，只為已然蛻變的大我而活。

我就是辣！

教育

　　教育是無私的奉獻，是知識的傳達，是將腦中所有的良善完全複製。

　　教育有其程序：模仿、複製、變化、創造，而這一切是肉體，也必須是精神。

　　任何功夫的教育必須傳其德，武術有武德，醫術有醫德。因此，為人處事的態度是我在傳承教育時的最基本功。

　　我不管別的老師怎麼教，我有我的堅持。即使只是技術的傳承，「心法」我擺第一，接下來才是「技法」。在傳承的過程中，隔絕負能量，灌注正思維。

　　心念不正，豈有好結果？方法不正，豈有好作品？於是我首重觀念的引導。

　　創造力是競爭力的優勢條件，但沒有「模仿」與「複製」，何來「變化」與「創造」？因此勤練基本功到達複製的狀態，才能進入訓練到變化與創造。

　　因此，先有教育，才有訓練。

學習不是買賣，不是上完課就完成了交易。

上課是學了觀念與方法，下課必須不斷練習。

從模仿、複製、變化、創造四個程序，持續練習成為自己潛意識裡的習慣。

學是在大腦，習是在潛意識，學習就是人生成長的催化劑。

沒有喜不喜歡，只有要不要。

訓練

教育是從無到有，訓練是從虛到實；教育是傳遞，訓練是重建，何來輕鬆的訓練。

訓練不嚴格，叫做遊戲；遊戲若嚴謹，也是訓練。因此，嚴格是有效訓練的基本方向。

當你越愛他，你就要越嚴格；你越疼惜他，你就得越忍痛。

就像我對我的孩子。

當你希望未來有尊嚴，你就得接受現在的殘酷。

當你希望在舞台上不丟臉，你就得忍住寂寞的摧殘。

別人在玩耍，你在練。別人在休息，你依舊在練。

當別人開始練，你更必須練，因為你必須認為他們的本能比你強，而你卻必須比他們花超過十倍百倍的時間。

但，只要你堅持，就能超越。

我沒有要求你得世界第一，我只希望你超越自己，贏過每一個現在的你。

蛻變從來就不是輕鬆的事，

煎熬卻也可以快樂的享受，

我無法將陶土燒窯成瓷，

卻能拉坯成壺，泡上一杯濃郁淡雅合度的好茶，

散發懷古知今的餘韻。

如果你是鑽石，你的展現必須精細切割的工匠，而不是自我盲目的燃燒慾望。

完美無瑕的切割面，才有光線穿透折射時的閃耀，此刻的火焰只會讓鑽石燒成焦炭。

你若是碳，你不必懊惱，你不但可以燒成能量，綻放希望，也可以透過特殊的蛻變轉換，成為顛覆視覺的璀璨星光。

你是大自然元素組成的現象，明白自我的本質，才能被看見燦爛的光芒。

學習

我的一生都在學習，因為我希望讓自己更強。

我希望不斷成長，而不是老化；我希望超越，而不是停滯。我願意教育傳承，所以我持續學習，向我認為值得學習的對象與方向。

我很驕傲，因為我創造了不可能。我很自信，卻也懂得謙卑。我太謙虛，卻聽到了一種特殊的說法：你還不到需要謙虛的時候。

是的，因為知道我的人太少，看到我的人不多。我要大聲說，我很強，而且我會更強。於是我不停鍛鍊自己，不斷把劍擦亮，不斷加著油，將 4 個汽缸，換成 12 個汽缸。我期盼我的速度，穩健度都能更加有力量。

我向能者學習，學習他們的成功精神。

我向動物學習，學習他們靈活的應對物競天擇的勇敢。

我向植物學習，學習他們在風霜雪雨中依舊堅強。

我向礦物學習，學習他們在地底壓榨中淬鍊成鑽。

我向山河大地，浩瀚寰宇學習，學習他們吸納存在，看

見虛無。

學習，是我快樂的成就感。我向偉大的大自然學習，在看到眼前雪花飄飄的剎那，我向雪花學習。

雪花是上天的祝福

握在左手心，就是接收祝福

放到右手心，就是傳遞幸福

雪花片片都是能量的結晶

沒有一片是相同的形體

就如同沒有一張完全相同的臉

沒有一圈相同的指紋

更沒有一個相同的人生

雪花告訴我們

因為寒冷才有結晶

因為結晶才有璀璨

當陽光照耀在雪花

透亮的智慧融化了凍結的冰心

原來此刻的感受是溫暖而非涼掉的感情

雪花雪花，重要的是雪更是花。

雪是過程，花是成就。

生命何嘗不是一朵朵獨一無二的雪花。

模仿

「模仿」是學習最快的方法，先從有模有樣的姿態開始，然後探索身軀背後隱藏的力量，模仿就能先學到皮毛的順暢。

模仿必先觀察，模仿必先演練，模仿必然調整，模仿可以到達幾乎一模一樣。

我的學習有著模仿，我的教學也期待學員模仿，因為模仿才有完全複製的可能。

我的創意也緣起於模仿，就如挽面的技術，若不是先模仿著阿嬤手中的這一條線，何來化腐朽為神奇的蝶式挽面。

若非因為我從土木工程中學到了力學的真理，何來運用於美容技術上的創新。

我知道，什麼是容易被混沌複製的，什麼是永遠會被尋幽探古的。如果沒有先模仿於平凡，何來創新於非凡。

我也模仿菩薩，模仿其忘我的偉大，模仿其令人敬佩的感動，感受其「眾生畏因，菩薩畏果」的境界。

因此，我們該嘗試，

做一件感動別人也讓自己感動的事，

即使你不曾有過，

即使你認為你只會犯錯，

即使你曾經有過滔天大罪，

當你開始創造感動，

你黑暗的人生也將消失，

因為感動即是光明。

幸福從此啟動，

只要你「創造感動」。

複製

複製必須先確認元素條件是否具備。

複製必須先格式化,才能成功。

複製必須先有傳輸線的聯結,而這傳輸線,就是一個願打一個願挨,就是一個願學一個願教。

創造者通常是領悟力較高的,所以他必須願意傳承。複製者通常是學習力較強的,所以必須願意被磨練,才能燒錄如同光碟般的複製。

然而,所謂的智慧財產權,就是他們的專長太容易被複製了,因此他們必須申請被保護。當然,這也是知識經濟時代必然的結果。

是的,人家憑什麼要教你?

你是否真正值得被教育,你是否真心想學習,你是否對這一切懂得珍惜。

教育是一種奉獻,學習是一種受惠;

奉獻者經常「遺忘了自己」,

受惠者經常「遺忘了曾經的被幫忙」。

當奉獻者偶然想起曾經所為，

偶發的失望，

我們不能奢求其淡然，

因為，他們希望「所有人都能與他們一樣」。

奉獻者也有疲憊時，

奉獻者也有其感傷，

他們療癒著別人，卻忘了最需要被療癒的是「自己的心腸」；

給他們掌聲，他們就會有再度燃燒自己的「火光」。

珍惜才會有價值，珍惜才會有下一場更精彩的複製。

變化

變化是一種靈活，變化是一種機會，變化是一種翻轉。變化可以是被動，也可以是主動。

被動經常困窘，沒有生命力；主動總是積極，很有戰鬥力，並且順應大自然。

因為大自然中唯一不變的，就是一直在變。時代如此，社會如此，觀念如此，人心也如此。

面對變化的洪流，我們必須不斷再學習，唯有學習才能接受殘酷的變化，才能適應突然的巨變，也只有學習自己改變才能應變，才能迎接不斷在變的人生挑戰。

知識經濟時代，最重要的就是強化自己專業知識的高度、寬度、深度、長度。

「一技之長就要真的長」，那麼你的景氣將永遠生氣蓬勃。

別再聽媒體與所謂專家的負能量論述，因為生命中「景氣」的好壞，只決定在你自己的「爭氣」度。

學習、深究、創造、符合需求。何來不景氣？

當你相信了世界，你才能相信自己；

當你相信了自己，你就能超越極限。

改變，應變，蛻變，你將無所不能！

創造

這世界最偉大的祕密就是沒有祕密。

你只要想你要的，說你要的，做你要的，結果就會是你要的。

所以，我說我的世界是我創造的，我完整的建構了我的世界。這世界有春夏秋冬，有酸甜苦辣，有起承轉合，有喜怒哀樂，而我享受著這一切。

我創造了逆境成功翻轉的歷程，我創造了跌落深淵，再度爬起，飛向天際的傲然；我創造了一條線兩個端點中的無限可能；我創造了從自我找尋，忘我奮鬥，無我奉獻的成住壞空。

我從小變成大，從弱變成強，從卑轉為貴，從無生為有，從空泛變成扎實，從寒冷轉為溫暖，從渺小變成遼闊，從盲目變為看見的全然。

我創造了我自己，找回了靈魂。我創造了目標，維持了希望。我創造了光，照亮了月，因為我就是太陽。

我創造了可以，打敗了不可能；我創造了感動，化解了憂傷；我創造了湯藥，療癒了自己；我創造了我所想要的

一切。

我最大的偉大創造，是要創造可以傳承的愛，愛會發光，會讓所有失去希望的人們看見，看見什麼？

看見這麼不起眼的維希蕭麗華，卻也能為眾人所敬仰。

看見這麼殘酷的一串串，卻也能發出美麗的聲響。

你擁有的這麼多，你該明白，你該知道，

我蕭麗華可以，你也可以。

讓我們成就自己，成為照亮彼此的星光，

即使全世界都把你遺忘，請記得永遠有我在身旁。

母愛

　　當我想要傳遞正能量、傳播愛，我知道個人的力量必然有限，這時候就必須傳承，而傳承就必須教育訓練。

　　教育訓練是門大學問，而這學問似乎也不是學得來的，但再怎麼難，我都必須完成，因為愛不能斷層，愛一定要傳承。

　　有人說，傳承要有耐心，要有恆心，要專心，要用心，要一大堆心。最後我發現最重要的是「誠心」。

　　對子女的愛，如同複製自己的精神，複製自己的能力，複製自己所有的一切，希望他們更好，希望他們更強，而不是留了一手的自立為王，不是期待他們永遠長不大，需要永遠依附的自我價值建立。

　　在教育訓練的當中，我有教無類，當然需要有緣，需要有意義。這有教無類，讓我廣結了善緣，廣收了門徒，廣納了英才，廣傳的知識，遠播了精神。不只全臺灣，更到全世界更多的地方。

　　在教育訓練的過程，我因才施教。不會奢求木頭化成泥，泥土變黃金，更不會希望流水轉為火焰。我考慮了學

員的本質，關注了他們擁有的元素，我可以將生鐵鍊成鋼，可以將材雕塑成藝術品，可以將玉石轉為器皿，可以將水結晶為雪花。我願他們每個都產生自己的成就感，創造自己的價值，而非找到自己的價格。

原來孔子真偉大，至聖先師非訛傳，有教無類是種奉獻的精神，因才施教是一種智慧的考驗，更是愛的展現。我在教育訓練的過程中，體驗了無私，體驗了學習。

最重要的，我感受到了真正母性的光輝。

讓天下的學生成長，讓所有的認真茁壯，如同面對自己的孩子，不會有矯情的造作，而只有真誠，如同己出。

教育訓練之愛就是母愛。

我一次次付出我的愛，如同我也接續了來自寰宇母親的愛，我奉獻了自己卻激勵了靈魂，我給了我所缺乏的母愛，卻療癒了自己。

原來，我就是母愛。

「寒流」是誰？我去打敗他

這一天終於到來，我是真的媽媽了！

初為人母，不管孩子眨眼、握拳、打呵欠，每一個動作都讓我覺得新奇萬分，再想到這是我和老公共同擁有的「愛情結晶」，心中總是洋溢著一片幸福。

兩個月的產假轉眼飛逝，我也必須回到捷運局上班了。和老公討論該找個保母帶韶安時，總是忍不住落淚。（我多麼希望可以時時刻刻都在韶安身旁，陪伴他一路成長。）

我們都不放心把韶安交給不熟悉的人，深怕孩子受委屈或照顧不周。透過鄰居的介紹，我們找到一位極具經驗的老奶奶——喻媽媽。

初次和她見面，我立刻喜歡上這位眉眼慈祥的長者，再加上她居住的地方離婆家不遠，下班後我可以立刻見到孩子，於是我們決定把孩子託付給她。白天匆忙送韶安到保母家，再趕去上班，下班後又急忙接孩子回家，這種摻點甜又和點苦的日子，我已忘了是如何撐過來的。

這時期的韶安不好帶，夜裡常被嬰兒啜泣聲驚醒，不管

再睏也得起身哄他睡覺，韶安就在新手媽媽的呵護下逐漸長大了。

韶安三個月學會翻身後，便開始好奇的探索他的新天地，經常雙眼東張西望，待習得爬、走的技巧後，更是舊傷未癒時又多出新的傷口，喻媽媽對這好動的小傢伙總是莫可奈何。

記得韶安的囟門還沒有完全密合時，有回他碰破頭，尖銳的哭喊聲直直刺穿我的心臟。我和老公連忙帶他到醫院掛急診，經過醫生詳細檢查，確定僅是皮肉傷無大礙後，我懸半天高的心才敢稍微放下些。

嬰兒期的韶安，已有冒險犯難的精神，我必須多費心思，注意他日後的成長。

韶安出生，我和老公興奮又緊張，信守著「老大照書養，老二照豬養」的育兒經。我們因為沒經驗，所以一切都小心翼翼的，看書、上網查資料、請教別人，深怕韶安吃不飽穿不暖，也列了一張飲食時間表和注意事項，一一交代保母喻媽媽，她笑笑說：「放心上班，我帶過十幾個小孩。」

喻媽媽年紀大，只帶他一個人，寵著他、讓著他、護著他，一瓶奶他可以吃上一個小時，可是我性子急，耐心又不夠，常常忍不住發脾氣，曾試過時間一到就把奶瓶收

走，可是他不喝也無所謂，瘦瘦的身子，照樣又跑又跳又叫。我擔心他的營養不夠，但是喻媽媽告訴我：「放寬心，沒聽過正常家庭的孩子餓死的。」我只能點點頭苦笑。

父母是孩子的啟蒙老師，所以我和老公上班之餘，盡量騰出時間來陪伴韶安，但是我們都不是學教育，因此韶安4歲時，我就送他去讀幼稚園，期盼給予更多的啟發，深怕不能配合書本上「小孩發展的里程碑」。因此，信誼基金會及專家演講的場合，成為我學習、諮詢、信賴的好地方。

有一次，我整理韶安幼稚園小背包，發現一個小玩偶（拿了小朋友的東西），對他發脾氣，跟他講道理，自己氣哭掉淚，他在一旁說：「媽媽，妳別哭了！」

馬上從桌上拿起衛生紙，幫我擦眼淚，小聲的說：「媽媽，我明天還給雄雄，妳不要生氣，哭會變成醜八怪。」

聽到他這些話，我再也氣不出來了。他還小，我應該要有耐心教他才是。

身為職業婦女，白天沒法照顧他，交給幼稚園老師是不得已的辦法，晚上睡覺前，我盡量抽空講故事給他聽，藉著故事告訴他一些道理，他似懂非懂：「媽媽，故事裡的小孩都很乖，壞孩子在哪裡？你常說：『不能當壞孩子』，壞孩子

長什麼樣子？」他的童言童語常讓我哭笑不得。

最令我難忘的事，是「寒流」是誰？我去打敗他。

事情是這樣的：

在酷寒的冬日，電視氣象播報：下周寒流來襲。

我告訴老公這訊息：「下周寒流來了。」

他的耳鼓也充塞著「寒流來了」，小小年紀，不能理解媽媽怎麼會害怕「寒流來了」……

於是一股正義衝口而出：「寒流是誰？我拿我的槍槍去打敗他，我要保護媽媽！」

聽到童言童語的剎那，我眼眶裡滾動著淚珠，內心卻喜悅得難以言喻，小小年紀也知道保護媽媽。

這些畫面至今難以磨滅，也是我和老公閒談家事，拿來回味的趣事。

維希小語：

　　為母則強，這是我們都耳熟能詳的一句。我本來就堅強，然而成為母親之後，我發現我必須更堅強，果然此言不虛，為母則強！

　　生命中總會有寒流掠過，兒子的一句話卻成為我心中永遠的暖流，不怕寒冷再竄流。

謝母三遷

韶安讀了三所小學

　　龍安國小（台北市）開學，這天不知道是否要上小學心情興奮或是緊張，韶安比平常早起床，而且還自己起床呢！吃過早餐，我牽著他的手上學，路途上不忘提醒兒子，走路盡量靠右邊、注意馬路上的來車、走行人穿越道、綠燈亮才可通行，沒想到他說：「媽媽，我長大了，這些我都知道。」我聽了，對他笑一笑，摸摸他的頭，大手牽小手往學校走。

　　12點下課了，回家路上韶安話特別多，「上課時間為什麼這麼長？下課為什麼這麼短？怎麼沒點心可以吃呢？」我耐心的回答他的問題，他握緊我的手說：「媽媽，原來是這樣哦！」韶安似乎在一瞬間長大了許多。

　　有一天韶安說：「媽媽，我同學下課休息時間，可以看到他的媽媽，您也去學校好嗎？」這樣一句話，讓我丈二金剛摸不著頭腦，一問之下才了解那位媽媽在學校當義工。有了兒子的要求，一星期後，我擔任班上晨間故事媽媽。學校圖書館，成了我駐足收集故事的好場所，因此，上班

工作之餘，我自願當圖書館義工，幫忙裝釘書籍、雜誌，修補破損的兒童讀物。

韶安漸漸成長，能適應小學生活，也適應了越區就學接送的辛苦。三年級下學期，有一天下午將近五點鐘，他出現在公司，放下書包，高興的說：「媽媽，我很棒吧！您不用接我，我都可以自己回到公司。」

天啊！我竟然錯過了放學時間，結果他自己步行，經過好幾個紅綠燈，走過永福橋回到公司，看到汗涔涔滿臉通紅的他，卻那樣得意自己有能力回家，不忍心潑冷水，只有自責自己的疏忽。

雖然這次他有能力自己回來，萬一……，後果不堪設想，心有餘悸，為了怕事情重演，和老公商量後決定轉學，不敢再沉迷明星小學，而做出越區就學的舉動。

永和秀朗國小（台北縣）離公司不遠，是我們轉學的目標，我辦好戶籍遷移手續，緊接著轉學就讀。一個月後，韶安還不能適應新環境，他說：「我不想在這個學校讀書，班上有個同學很兇，常和同學吵架，借了我的橡皮擦不還，硬說他自己的，撞倒同學不道歉又罵人活該……」

想到「近朱者赤近墨者黑」的道理，一學期後，我只好又幫他轉入離家最近的網溪國小就讀，直到小學畢業，他

還蠻喜歡這個學校，也有幾位要好的同學。

韶安現在已就讀大學，真的長大了！

維希小語：

孟母三遷的故事我們都知道，因此我也從善如流。

環境對一個人的影響很大，尤其是學習環境。因為在學齡的兒童、青少年，同學的影響力不亞於學校的制度與師資。

明星學校造就的不是明星的實力，而是同儕之間的比較心。

若這是彼此的良性競爭，我們樂觀其成；若這是富家弟子的爭奇鬥豔，我們害怕成型。

我們只需注意環境是否有霸凌的危機，我們只需給孩子安心求學的後盾，我們已做到了責任。公立學校的資源其實比私立的多很多，學費又是天壤之別，為何要捨近求遠、捨廉趨貴？

而造就了不知人間疾苦的下一代，鍛鍊了不堪一擊的媽寶？

我要當哥哥

韶安想要當哥哥

韶安 3 歲，我帶他上幼稚園「幼幼班」，早上送他上學是母子兩人最難熬的時光。

到了幼稚園，老師想牽韶安小手，他雙眼總泡著淚水，軟軟的小嘴噘在一起，緊拉著我的手不放，我們兩人的畫面，猶如生離死別一樣，任憑誰看了都會動容。

韶安一天天長大，天真的童言童語伴隨著我們，家裡充滿歡樂的笑聲。

有一天傍晚，從幼稚園接他回家，他欲言又止的拉著我的衣角，我蹲下身，摸摸他的頭，溫柔的問他：「韶安是不是有話想跟媽咪說？」

韶安點點頭，清澈的雙眸寫著渴望，「媽咪，我可不可以當哥哥，陪弟弟、妹妹玩車車、蓋城堡……。」

思及幾次瞥見他獨自在房間裡玩玩具，小小的背影，卻顯得萬分孤單。我以為只是自己的錯覺，沒想到他是這麼渴望擁有個手足。

　　當晚和老公商量後，他也同意是應該給韶安一個玩伴。當韶安 6 歲時，我也再次懷孕了。

　　胎兒在我的子宮內逐日成長，韶安每晚睡前都會跑到我的身旁，眼中閃爍著期待的光芒。他會親親我隆起的肚皮，接著貼在我肚子上小聲的說：「你在馬麻（媽媽）肚子裡要乖乖唷！不可以踢痛馬麻，這樣等你跑出來後，我才借你玩皮卡丘喔！」

　　瞧他一副小大人的模樣，總會讓我笑彎了唇，更加確信自己再添個寶寶是正確的選擇。

維希小語：

　　或許我從小最不缺的資源就是手足之情吧！我有 9 個兄弟姊妹，包含我。因此我可以理解獨生子（女）的寂寞。

　　大環境如此，一胎化在臺灣不必規範，幾乎執行比起全世界任何一個國家都徹底。這是環境的壓力與社會的變遷所造成，人人不敢多生。

　　而我只為了滿足小孩的一個天性合理的願望。合理！

感恩老天的信任

懷孕20周做母血篩檢時，耕莘醫院的醫生發現數值不正常，建議我進一步做羊膜穿刺檢查。

我憂心忡忡的和老公商談該不該做這項檢查，一來羊膜穿刺危險性高，二來自費得花8000多（懷孕無法正常工作能省則省），最後我們決定把孩子的命運交給上天決定。

懷孕32周時，我發生場小車禍，原本以為孩子保不住，還好只是虛驚一場，腹中的小生命依舊安然無恙的蜷曲在我的子宮內。我想這寶寶吃了秤砣鐵了心，想當我的孩子。

1999年11月24日早上7點多，煒嵐來到人間。我開心的準備和親朋好友一起慶祝新生命的到來，醫生的宣判立即震碎了我的笑容——寶寶有心雜音、先天性心臟病等問題。

下午護士神情凝重的告訴我，醫生從寶寶的外觀，懷疑他是個「唐氏症寶寶」。

起先我愣了楞，腦子一片空白，根本無法理解護士的

話。等護士離去後，空蕩蕩的病房內只剩下我一個人。望著漆著象徵喜悅的粉紅色牆壁，強烈的痛楚張牙舞爪的吞噬我的心，眼淚一滴又一滴，模糊了我的視線，也沾濕了手術服。

在未告知護士的情況下，我偷偷返回家中，幾乎崩潰的模樣嚇壞了公婆和老公，和老公連夜趕到榮總求助醫生的幫忙。

隔天一大早，哭了整夜的雙眼腫得像兩顆核桃，我和老公從醫院抱走初生的小生命，搭上計程車急奔榮總小兒心臟科。

醫生安慰我們不要慌，先做血液報告，一個月後才能確定孩子是不是唐寶寶，當務之急應該是先放寬心，在家好好坐月子。

等待檢查報告的那一個月特是難熬，每天早上睜開眼，我都忍不住掉淚，不斷的向上天祈禱，希望孩子健健康康，醫生的擔憂只是多慮而已。

終於等到報告出爐的日子，醫生告訴我，孩子（煒崴）確定是個唐寶寶，我驚愕的說不出任何一句話，就連怎麼回到家也記不得。

我關上耳朵、閉上眼睛，拒絕任何人的關心與詢問，我把自己鎖在一個沒有人觸碰得到的高塔裡，成天除了望著襁褓中的煒崴靜靜的流淚、吃著味如嚼蠟的補品以外，什麼也不肯說、什麼也不願做。

直到有天夜裡，向來堅強的老公突然放聲大哭，我才猛然驚醒，察覺自己好自私，只顧自己一味在原地踏步、繞圈（傷心），把自己陷在痛苦的深淵中，卻遺忘了愛我的人見到我會是多麼心痛、多麼捨不得。

生命中總會有挫折，這不會是盡頭，轉彎吧！身邊還有大兒子和老公需要我的照顧啊！

得知消息的阿嬤遠從宜蘭趕來，抱著我說：「憨囡仔也會長大。」家人與姊妹也一再安慰我：「不能改變的事實，即使淚盡血枯也得面對。」因此，我決定放棄悲傷，選擇用愛、耐心、早期療育，讓他和正常小孩一樣，快快樂樂的長大。

煒崴出生時，我 30 歲，老公 37 歲，正在我們需要打拚的時候，煒崴的誕生正是我們的一大考驗。

維希小語：

感恩老天的信任，相信我有面對的勇氣，相信我有承擔的能力，相信我可以成為天使的媽媽，相信我可以扭轉生命的色彩。

多年走過，我才發現，原來這是老天的肯定，給我的福報，給我的成長，給我的深層療癒。

改變我所能改變

在親朋好友的鼓勵、幫助之下，我的態度從消極轉向積極，思索如何給煒崴最完善的照顧，我開始大量閱讀關於唐寶寶的書籍和網站，發現不少擁有這樣特殊孩子的媽媽也曾有過低迷的心情，但是她們最後都選擇勇敢面對上天給予的這份特殊禮物。

醫生也安慰我：「第21對染色體雖然永遠不會改變，這個病症目前也完全沒有根治的方法。可是如果父母能坦承接受、永不放棄，努力加把勁配合治療、適當的訓練、不停的刺激他的腦部發展，這樣誤闖人間的歡喜天使，智商會持續的發展，有一天也能超越極限，甚至會有特殊的表現也說不定。」

「說話」對唐氏症兒童而言，是比較困難的事。在醫生的建議下，煒崴1歲大的時候，我為他安排一周一次的語言、物理、職能治療。除此之外，每天我都讓他聽古典音樂，下午有時抱著他到公園裡欣賞開得姹紫嫣紅的花朵，或是帶他到車水馬龍的街上走走。這些看似稀鬆平常的活動，其實都是希望能刺激他五官的感覺，培養他的說話、視覺能力，期盼他將來能順利進入國小普通班就讀。

最初他發出「啊——」、「哇——」的單音節，我努力學著解讀聲音的含意，配合語言治療師教他單字、語詞、短句，一次、兩次不辭耐煩的重複練習，我鼓勵自己要認真的陪他學習，堅定的相信，有朝一日他一定可以學會說話的。

夜深了，我想起阿嬤哄三歲的小妹早點入睡，時常哼的「搖囝仔歌」。

記得每次等妹妹睡著後，阿嬤總拿起衣角擦拭臉上的淚水。6歲的我呆傻的問：「您為什麼哭呢？」

阿嬤摸摸我的頭，慈愛的笑著，「長大後妳就會知道，快上床睡覺吧！」

我一邊哼著這首催眠曲，一邊幫煒崴按摩全身，希望刺激他的發育，讓他感受到安全與慰撫，他很快的闔上雙眼，甜甜蜜蜜的進入夢鄉。

這些療程耗費我很多時間，但我覺得一點都不可惜，一暝大一寸，煒崴在全家人「愛」的照顧下，相信他會慢慢的長大。

總之，煒崴雖然帶給我的是甜蜜的負擔，但我不悲傷，不放棄，相信自己可以用「母愛」的光輝照耀著韶安與煒

崴。

永遠改不了的事實，告訴我必須忘光、丟光悲傷，用愛和耐心依循煒崴發展時間表，給予適當之刺激、訓練、醫療。

「小寶貝，媽媽幫你按摩。」我一邊按摩一邊對著煒崴說：「這是手手」、「這是腳腳」、「這是肩膀」、「這是眼睛」、「這是鼻子」、「這是頭髮」、「肚子餓了，張開嘴喝牛奶」、「笑一笑，讓媽咪瞧一瞧！」……，不管他懂或不懂，我努力的重複著，將這些名詞「送」入他耳中，無非就是要刺激他的感官與動作發展。

煒崴 3 個月大，我配合醫生的指導，帶他到榮總給予早期療育，希望嬰兒期的他，能盡早杜絕唐寶寶的不良動作模式：頭側一邊、雙腳外展、雙臂外攤放在兩側呈「大」字型的躺著、頭部穩定度不足造成無法執行手部操作的動作……

早期療育的過程真辛苦，一來永和到榮總路程遙遠，二來韶安就讀龍安國小一年級，所有的養育責任、上下學接送、功課督導……都要我參與，我常為了接他放學又要直接奔往榮總而疲於奔命，很多時候韶安的功課都是在復健

室外面完成的。

每天晚飯後，我與老公固定安排時間，加入復健的功課：拿著兩個大枕頭當支撐物使煒崴頭部不側一邊、用腿部固定器限制他雙腿外展的範圍、讓他以側躺姿勢來改善青蛙腿、利用玩具吸引煒崴使他的雙手和頭部的姿態能趨於中線，來改善頭、手、或腿「掉」在後方等，盡我們所能，期盼發展遲緩的煒崴能夠自己站起來，日後事事不必依賴他人，能夠自己學會生活。

1 歲半時，我和老公聽從醫生的建議，帶他到榮總開刀（眼睛斜視），爺爺、奶奶極力反對的說：「這麼小的小孩，一定要動刀嗎？」

我用懇求的眼神說：「試試看，現在的醫術很發達。」開完刀回家，我整晚抱著他，坐在客廳沙發睡覺，因為深怕他眼睛不舒服，拿起小手揉眼睛。手術相當成功，否則在舊思維的家庭中，我們又得背負壓力。

襁褓中的煒崴經過早期療育的訓練，唐寶寶特殊錯誤動作改善了許多，後半段的發展如爬行、站起、坐著、穿特殊的鞋子輔助行走、戴上厚厚的眼鏡看事物……訓練的狀況良好，認知學習的能力提升了，情緒行為的反應也趨穩定。

可喜的是煒崴這孩子，在復健的過程中很配合，有時雖會哭鬧，但是只要哄哄他，一下子就安靜下來繼續治療，發展遲緩的他慢慢進步，4歲學會簡易動作與語言發音。

「3歲前是療育黃金期不要錯過，對遲緩兒童的未來有極大助益。」醫生的這句話我謹記在心，且徹底遵行，此時，我和老公的眉宇間舒緩了許多，我也常和朋友說：「有個唐寶寶的兒子，就看你要選擇逃避還是坦然面對，當你選擇了面對，只能勇往直前。」流過淚之後我更堅強，走過辛苦之後心境也更開闊。

維希小語：

這一段路確實艱辛，確實煎熬，而今看到孩子的展現，少了傷感，多了成就感。孩子，我很慶幸沒有對不起你，也很榮耀你沒有讓我失望。

人生的太多宿命，確實無法扭轉。但我們卻能改變我們所能改變，只要我們願意堅持。

不為命運所屈服，卻為運命所轉變。

孩子，感謝你參與我的生命，因為有你，我更壯大了自己的勇氣與蛻變的決心。

進入人群，自在不同

當您走過人群旁，是否曾有過一個天真但又令人感到詫意的身影，他的笑容是那麼天真，他無所隱藏的神情，只會讓人更加疼愛。

煒崴4歲半，我硬起心腸想送他到幼稚園（韶安有的學習步驟，煒崴應該也有權利吧！）雖然我知道煒崴是要我付出更多的心力，我也願意呀！

幼稚園入學的前夕，我告訴他：「煒崴，你長大了哦！」、「就要去讀幼稚園了……」、「這是哥哥讀過的幼幼班……」、「有點心吃，有玩具可以玩……」，看到他似懂非懂的「微笑」，再一次揪住了我的心頭：上學小朋友會不會欺負他、老師會不會照顧……

我會不會對他「憨囝仔」的期望過深呢？一整晚我不能入睡，老公看了不忍的說：「麗華，妳何苦呢？放下揪住的煩憂，放開對憨囝仔過深的期望，只要煒崴平安健康的長大。」

我選擇了和正常小孩子一起學習的私立幼稚園，煒崴從小班讀到中班，他和班上小朋友一起唱歌、跳舞、遊戲，

人緣很好，不認為自己是一個身心障礙的孩子，只是動作和一般小朋友比起來稍慢些。

中班下學期，為了不使煒崴有學習上的壓力，我幫他換到「唐氏症協會」附設的托育中心，原以為這個選擇是較為理想，沒想到那兩個月煒崴安逸且自得其樂，或許是早期治療的優勢，他的表現比其他小朋友好。

熱心的園長為我們分析，她說：「在同質性太高的環境中學習，煒崴成長效果較慢，我覺得他可以上一般小朋友讀的幼兒園。」

因此，我決定學期結束後，回到幼生幼稚園讀大班。

幼稚園大班的課程，需要學習數字、認識國字、學習拼音、學習英文、學習捏黏土……這些課程的刺激，無形當中也讓他學到許多基本能力，會認得顏色、形狀、會數一數數字，會背三字經、唐詩，偶而還會脫口說些英語單字，這是我從沒想到他能領悟也能學會這麼多。

捏黏土是很好的手指訓練課程。煒崴無法擁有一般孩子的智力，雙手卻能做出小雪人、海底世界如此精美的作品。

媽咪很高興！煒崴加油喔！

煒崴上小學了

煒崴 6 足歲可以上小學了，經過考量我們就依戶政事務所的通知，決定讓他在網溪國小（台北縣永和市）普通班就讀。

開學前，我和老公決定重新鑑定他的障礙等級。出生時醫生是以常理判斷唐寶寶多數屬於重度，所以煒崴從出生開始就一直擁有重度殘障手冊。我們回到榮總重新鑑定，雖然煒崴的各方面表現看在我們眼裡都很棒，但事實上，經過醫生鑑定他和一般孩子還是有些不同，屬於中度殘障。

每遇到一個階段，都有不同階段的問題，我不斷的告訴自己，這一些都只是過程，我相信煒崴會有好的學習成果。於是開學當天，我寫了一封信給全班的家長，信的內容如下：

親愛的家長您好：

恭喜！貴子弟上小學了，我和各位家長一樣感受到孩子長大的喜悅，在開學日，寫這封信給一年七班的各位家長，是因為班上有一位特殊的學生，他的名字叫做「謝煒崴」，我是這個孩子的媽媽。

煒崴是一個唐氏症的孩子，出生時醫生就判定他的染色體異常，一路走來從不相信、埋怨到接受、愛他，煒崴要上小學讓我很惶恐，擔心家長、老師、同學們是否能接納他；擔心大家對唐氏症不明瞭而放棄他。

　　唐氏症的孩子和普通孩子一樣會成長，但因先天的基因造成他們的智能及各項發展都遲緩些，在學習上也會有明顯的落差。煒崴很溫和，幼稚園上普通班，在學校和小朋友的互動都很好，很少和小朋友有衝突發生，當然也不會影響您孩子的學習。

　　融合教育的實施讓我們多了一個選擇，如今決定讓煒崴就讀普通班級，和貴子弟同班學習，希望家長不因誤解而排斥他，在此感謝所有家長耐心的看完這封信。

　　敬祝　闔家安康

謝煒崴的媽媽　蕭麗華敬上

95 年 8 月 31 日

煒崴小學時的職能治療

　　想讓煒崴有更多的見識，我帶著煒崴坐捷運到台大醫院，進行一周一次的語言、物理、職能治療。他很喜歡坐捷

運，我們在車上聊天、看書，車內常吸引一些人的目光，我想他們一定都很羨慕，我有一個貼心可愛的寶貝。

2小時的職能治療，也夠他累的，望著他那張無邪的臉，忍不住親了他一下，他也立刻回報媽咪一個熱吻。

入學後，網溪國小輔導室，為煒崴安排兩個禮拜一次的職能治療，老師是位美女喔！煒崴很喜歡她，配合老師做認知學習、視覺、手眼協調、四肢運動等訓練。

第二次職能治療，老師見到煒崴嚇了一跳，她說：「經過兩個禮拜，煒崴就進步好多。」整個學習結束後，老師說：「下次一個月，才會再為煒崴安排課程。」

時間過得真快，二年級上學期，職能師來學校為煒崴做「仿寫和抄寫」訓練，我一直以為仿寫、抄寫是一件非常困難的任務，他咬緊牙認真的學習，我有點心疼，下課時間幫他揉揉手，他卻說：「煒崴的手不酸不酸。」

這時他學會許多字，自己也能看故事書，在路上看到認得的字，會讀出來並興奮的給自己拍拍手，沒想到這個階段目標他真的達成了！這雖僅是一件小小的事情，卻讓我開心了好幾天，原來「快樂」並不一定需要花大錢才能做到的。

在職能治療師的建議下，我們送他到音樂教室學習樂器——打鼓、彈琴，使四肢活動更靈活、聽覺更進步，也利用拍球來訓練他的手眼協調，為了讓他學會拍球，全家人都成了拍球的教練，現在他不僅球拍得好，放假還會吵著要到學校打球。

　　煒崴三年級了，每周 2 次的職能與物理治療依然持續，為了讓唐寶寶有更好的發展，復健的動作永遠不能停。

　　「龜兔賽跑」的故事是最好的例子，它激勵動作遲緩的人，不能永遠停留在原地，必須有耐心的向前走，最後的勝利必定是屬於他。有些唐寶寶的父母會因為孩子上小學而不再重視復健，甚是可惜，因為停下來就等於放棄他的成長機會。

　　「寶貝！謝謝你那麼努力讓自己更好，往後的路也得走下去，現在的辛苦會讓你長大更茁壯，媽咪永遠永遠都愛你。」

維希小語：

因為不同，所以我們希望他相同。因為相同，我們卻又期待他不同。我們不懂他們的內在靈魂，只以我們自己的觀感來判斷，豈會有正確的決定。

同樣是正常人，卻也有種種的不正常。恰似不正常，卻是擁有更多比正常還要正常的正常。

我們應該放下，放下那個擔心。我們應該鼓舞，鼓舞那個孩子的自我期許。我們只給引導，不給框架。我們只給環境，不給主導。

孩子，媽媽希望你更好，卻也期待你自己想要自己的好。你帶著你的福報來到了這個家，而今這個家給你創造你自己所能創造。你比別人幸福，你要更懂得知福惜福，創造加下來的美好。

媽媽相信你！你也應該相信你自己！

感謝孩子的老師

　　煒崴上小學的啟蒙老師——王亦平，她讓一位特殊的孩子變得不特殊，也讓他喜歡上學。感謝老天爺安排了如此用心的老師給煒崴，他真的太幸運了。

　　一封讓我哭過又感動的信，是這麼透著真誠的關懷：

煒崴媽媽：

您好！

　　真抱歉！那麼久才回信給您！看到您的信也讓我感觸不少，從煒崴身上我學會了更多的包容及感恩，這也是全班家長、孩子的福氣，讓大家能更珍惜自己所擁有的，所以該說感謝的人是我才對。

　　我多麼享受，放學時和他牽著手一起走在操場的跑道上，聊著今天開不開心，要和誰約會呀等等的趣事，聽著他童稚的聲音，不禁讓我想起女兒們幼時的天真模樣，但總不能因為深深疼愛他，就自私的捨不得放手，讓他去更適合他學習的地方，真怕會因此耽誤他的發展學習，畢竟特教不是我的專長，只是我何其有幸能成為他生命中的過

客！

您才是他一輩子的依靠，要多保重！很佩服您又要工作
又要兼顧煒崴的個別訓練，辛苦了媽咪！別忘了我會是您
最忠實的朋友！現在是，未來也是。

王亦平上

煒崴一、二年級時，有這麼個好老師，親師生之間的互
動良好，煒崴的學習進展雖慢，倒也常見笑容，如此了卻
了我許許多多的擔憂，我也以班級義工來回饋老師及同學
們。

除了感謝啟蒙老師王亦平，另一個讓我銘感在心的就是
家教胡玉英老師。

話說煒崴讀小學低年級時，也正是我美容事業開始的
時刻。下午煒崴有半天的時間就會待在美容教室裡，吃午
餐、做功課、看電視、遊戲、休息，傍晚再陪他到公園散
步、學習手眼協調的體能活動…

那時客戶採預約式，上午我就能放心的做全職的職業婦
女，但是下午因有煒崴要照顧，偶有推卻不掉的客戶，而
必須分心做美容，實在是迫不得已。對我來說要一面回頭
照應煒崴的需求，一面要回頭服務顧客，「對不起！對不

起！」、「沒關係！沒關係！」此起彼落。

這樣的場合上演多次，顧客還能體諒我，但是我想這樣並不是長久之計。

正當我在為難的時刻，又聽到煒崴好奇的說：「媽媽這是什麼？」、「這是口紅」、「我也要畫紅紅」、「我也要剪剪」、「我要……」聽了這樣的話語，真讓我心驚。

就這件事我請教王老師，老師贊成多給煒崴不同的學習空間，後來經由很有經驗的退休呂老師推薦一位家長——胡玉英老師，來擔任家庭教師的工作。

胡老師訓練煒崴也是把他當正常孩子看待。她能細嚼慢嚥示範吃飯，又細心教寫字，更耐心教拼貼畫，從有創意的遊戲裡讓煒崴手眼協調，胡老師完全將她教兩個孩子的經驗過程融入了「唐寶寶——煒崴成長的歷程」裡。

感謝胡老師能用愛心與耐心拓展了煒崴的學習，也減輕了我對煒崴照料的不足，胡老師她彌補了我對顧客的虧欠，從此下午時間，煒崴也不用待在只有媽媽與客戶之間的教室裡，因為胡老師那兒有同年級的玩伴，更慶幸的是小孩子與小孩子間的互動，俗話說：「嬰仔教嬰仔學得快」，又給了煒崴更多的刺激與學習機會。

維希小語：

感恩就有力量，放心才有方向。

我無法 24 小時照顧你，看著你。更不希望你只能與家人在一起。你是唐寶寶，不是自閉症。你是基因變故，不是智慧缺乏。你要感謝人生陪你成長，陪你走過每個階段的人，尤其是你的老師。

媽媽感動你的蛻變，也感激你的老師，也感恩天地讓你在這樣的年紀依舊存在著赤子之心，但媽媽也希望你懂得與人應對退的智慧，保護自己也幫助別人。活出精彩的燦爛人生。

那一年，小學三年級

　　吃過晚飯，煒崴坐在沙發椅上，背誦著九九乘法表，一次又一次認真反覆的唸著……突然停下來說：「媽咪！好難哦！我怎麼背不起來。」我強忍著淚水說：「煒崴，已經 9 點半，先上床睡覺，明天再背。」

　　回想起他在學習數字時，從 1 寫到 10 要花好多時間教導，每天每天練習，好不容易才學會了，接下來就是加法和減法的練習，這段時間他認真的畫圈圈、數豆子……一關一關努力向前走，現在的煒崴竟然要學習乘法了。

　　「孩子！學校的學習課程路途遙遠，是你必須面對的。不過媽咪會陪伴著你一步一步的走過，牽著你的手，直到一切你都懂，你永遠不會孤單的。」

　　陪著孩子成長的日子裡，苦中帶甜。煒崴的成長是我這做媽咪最大的安慰，我只要他能向前跨出「一小步」就滿足了。

　　像一般孩子一樣，7 點 50 的鐘聲一響，他會用跑的進學校，幾乎每天送他上學也已經 3 年，時間真快啊！

記得煒崴上小學前，我的一顆心忐忑不安，擔心他是否能適應學校的生活？家長們能否接受這樣的孩子？他會不會被同學欺負……

三年級的煒崴似乎比以前忙碌，一周有 3 天整天的課程，對他而言真不容易啊！現在的他長高許多，認識許多國字，會簡單的加減法，學會了許多的基本知識。

有一次在校園內，煒崴看到一個腦麻的大哥哥，他問我：「媽媽，為什麼大哥哥走路會這樣，看起來好可憐喔！」我猛偏過頭看了身邊的憨囡仔一眼，他懂得「可憐」的意義嗎？

煒崴常聽我們說起「唐寶寶」這個名詞，他也會說：「煒崴是唐寶寶，但是我要上學讀書。」我思索著自己生命的價值，當年將近40歲的我，比不上一個小學三年級的唐寶寶來得快樂與自在。

時間一天天的走著，他一天天的長大，我期盼煒崴能快快樂樂的過著學校生活。

有天晚睡前，煒崴又拿起那本《好好愛阿迪》繪本，書是為哥哥買的，書中的阿迪是一位唐寶寶和大家一起玩耍，最後他給大家的驚喜是「他尋找到別人無法找到的青蛙卵」，阿迪真了不起。

很感謝哥哥一路來對煒崴的包容與疼愛，韶安謝謝你！我的寶貝們，加油！

維希小語：

那一年煒崴小學三年級，這一年已經上高中了。看著他成長，我也成長了。看似孩子進步了，其實我也蛻變了。孩子已經可以自在於單輪車上的表演，踩大球的平衡感更是非常人所能及。

這一路感恩老師，感恩家人共同的鼓勵，也感恩孩子你自己的願意努力。很少人看到你的被嚴格要求，沒人見到你的艱辛磨練。爸媽都看到了，恭喜你！給你掌聲，給你加油！讚嘆！我們以你為榮！

因為，我們知道，這一切是那麼不容易！

小太陽

有天整理韶安書桌，無意間發現他小學五年級的作文簿，翻開其中一篇「小太陽讀後感」如此寫著：

故事內容：

作者（子敏）敘述他從小到成人，甚至結婚成為 3 個女娃的父親，每個階段中，人生可貴的「第一次」小故事。

他說：「小太陽不怕天上雲的遮掩……暖烘烘照射著我們的心。」「一家人在燭光下，因為它的照明有限，所以更容易緊緊挨在一起，格外親熱。」他熱愛他的家，喜愛和家人相處的時光。

讀書心得：

每一個人心中的小太陽都有不同的意義，對於目前的我來說，我心中的小太陽，就是我吵著要媽咪生下來的可愛弟弟。

煒崴是我們全家人的開心果，他會在爸爸、媽媽生氣時逗他們開心，會在阿公、阿媽無聊時陪他們，會在我放學時跟我撒嬌，要我一起玩積木，他常帶給全家人歡笑。

記得他3歲時，說話還不是很清楚，一個星期天的早晨，他忽然叫著「哥哥起床、哥哥起床！」當時雖然還很想睡覺，但是聽到弟弟第一次叫我起床，我欣喜若狂的抱住他說：「煒崴乖！哥哥起床。」相信弟弟已經長大了。

　　有一個星期日，爸爸、媽媽帶著我和弟弟，到河濱公園散心，我陪弟弟跑步，弟弟跌倒哭了，我扶起他說：「煒崴！不要哭，我們到樹下休息一下。」

　　休息了一會兒，煒崴說：「哥哥，跑跑跑！我要去跑。」我的弟弟真可愛。

　　媽媽告訴我：「拍球可以訓練煒崴手和眼睛的能力。」因此假日同學找我到學校操場打球，我也會帶煒崴一起去打球，雖然他只拍幾下球就溜走了，但是他會高興得給自己拍拍手。

　　弟弟是我的小太陽，我也要當弟弟的小太陽。

　　這篇讀書心得，可以看出他們兄弟間深厚的情感，讓我這個做媽媽的感到安慰。

　　記得網溪國小園遊會，韶安叫我帶煒崴一起到學校逛逛，他介紹弟弟讓同學認識，不害怕同學知道，自己有個

唐寶寶弟弟而排斥他，反而告訴同學：「我要陪弟弟一起長大。」

我震撼！我感動！我感恩！

維希小語：

這樣的兄弟之情令人感動，也讓我看到孩子們內在靈魂的良善。

是福報，不是負擔。

這是珍惜，這是智慧。孩子，我以你們為榮！

你們互為小太陽，彼此照耀。這樣的光芒，也暖了我的心房！

謝謝你們！我的小太陽！

孩子，我的孩子

孩子，我的孩子。

你是我懷胎十月，滿心期待的結晶。

你是我忍著胸懷的痛楚，結痂未果，繼續哺乳的生命。

你是我忘了睡眠，也要安撫啼哭的娃娃。

你是我看著躺，看著爬，看著坐，看著站，看著走，跑，跳，看著跌倒再起的孩子。

你是我深夜摸著燒燙的額頭，立馬換裝直衝醫院的孩子。

孩子，看著你長大，我有多麼歡喜。

但，我不能寵溺，因為無分是非的寵愛，足以讓你溺斃。

我總是要到監獄，傳授人生方向的點滴，但我不希望，有一天要到那裡才能看到你。

我不期待你的無瑕，因為完美主義的要求只是對我自己。我只是渴望你也能知悉，人生最基本的道理。

輕輕敲打你的手心，卻是狠狠疼在我心底，因為你的一切都是來自我身體。

看著你的淚，我忍不住哭泣，因為愛的教育是多麼複雜的情緒。

我喜歡聽著、看著別人讚嘆的眼神敬佩你。那樣的虛榮很合理，因為這個作品來自我自己。我很想分享我教育你的每一個契機，卻只能迅速停息，因為害怕反而傷到你。

勿以善小而不為，勿以惡小而為之。觀念就在此刻必須明確建立。我不能陪你一輩子，因為有一天我會老，會死去。我能夠留給你的不是財富，而是建構你生存的能力。

生存似乎不易，其實就只是呼吸。但我們活著的價值不應該只剩呼吸。我們要記取，我們之所以來到世間，還有我們為何會有如此的際遇，總有天地必然的道理。

我感恩，你來到我的生命裡，卻也希望這不是誤會一場的相遇。教育你人生的是非善惡，訓練你判斷事物的真假對錯，培養你創造自我、獨立生活，才是這個相遇最基本的意義。我們一起努力，希望你也願意，因為叫我媽媽的人是你。

維希小語：

媽媽，麻麻，就是不怕「麻」煩再「麻」煩的處理，只為愛你！為什麼？

因為孩子，我的孩子，我的孩子就是你！

我們一起面對

當一個人面臨可怕的疾病，不是絕望就是害怕。

卻可以因為家人、愛人、朋友的「一句話」，讓人有了面對恐懼的勇氣。

深刻感受「言有輕如鴻毛，也有重如泰山」的實際意義。

歷練了多年的苦難與折磨之後，我以為我可以稍稍喘息，因為我已經可以不必太過為經濟而努力。就在此刻檢查報告卻告訴我，乳癌確立。這一天的到來，我毫無心理準備，我的腦袋瞬間木然，接續就是恐懼。

我是人，是個女人。在這樣的狀況，豈能沒有負面的思緒？在一陣茫然中，來自眼前熟悉的身影，不陌生的音律在我耳際響起：「我們一起面對！」

這一句不是神的旨意，不是夢的漣漪，是我大兒子韶安的聲音。我頓然百感交集，在慌亂之餘找到了勇氣。就是這一句：「媽媽，不要怕，有什麼事，我們全家都一起面對！」

《YOU RAISE ME UP》這首歌在我心底輕吟著，這時我才

驚覺原來兒子長大了。減緩了不安，滿滿的欣慰。我「謝」天，仿若天空灑下了希望的「韶」光，穿透了我內心的不「安」。

韶安從小就是個貼心的孩子，在滿心的期許下，渴望的請求中，5年後盼來了弟弟。弟弟有了點與眾不同的不一樣，韶安卻更加細膩地呵護他，小學五年級寫下了一篇短文「我心中的小太陽：煒崴」，我同步感受這來自兄長的溫暖。感動！

某一天，他信手拈來一張紙，揮灑了幾個字：「媽媽，感謝您一直用愛陪伴總是調皮的我。」

簡單一句話，卻也讓我一陣錯綜複雜的酸楚從心竄上。

韶光愛打籃球，雖然不敢奢望如同麥克喬登的勇猛奪籃，卻是忘卻瑣事的靈性抒發。

學過 Bass 低音電吉他，雖不想在舞台上撥弄星光，卻是重低音在自我的心靈深處，緩緩震盪，滿滿療傷。

其實，誰說年少無煩惱，誰說童話樂無決，在韶光的內斂當中，我早已隱約感受淡淡的愁在他的內在蕩漾。但，他總是不願多說，深怕我們多了煩惱，只好自己的憂鬱自己藏。

　　無意間，我看到了他的畫作，盡是一隻眼睛的男兒漢。問原委，只是搖頭、聳肩，輕輕帶過到另一個方向。

維希小語：

　　兒子，媽媽知道你的傷，請原諒我必須多點心力在缺憾的身上。而這一切也讓我更確立了你的成長，人生也因煎熬掙扎才能更茁壯。

　　媽媽不但兩眼全張，更是用心眼細細端看，我的兒子最棒，寧可自己唱憂傷，也讓父母心頭放。

　　父母之愛都一樣，兄弟高歌齊飛揚。

我想陪孩子長大

生命如果必須體驗，才能得到體悟，那每一次的經歷都只能說是經驗的累積。也許傷口仍然存在，但終究成為過去。

2010 年 9 月 28 日教師節，學生們為我慶祝，深夜回家已疲憊，卻在凌晨 3 點我摸到了乳房硬塊，造就了一個失眠的夜。

一早到婦產科照超音波，一周後至三總穿刺檢查，再隔周確認為乳癌二期。

於是 10 月 19 日，我就切除了我的右乳。這是勇敢，也是恐懼。勇敢的是我毫不在意自己身體的美醜，恐懼的是我豈能因此倒下，我必須陪伴我的孩子長大，何況我的孩子卻似乎永遠長不大。於是母愛的天性戰勝了恐懼。

10 月 19 日對 40 歲之前的我，只是人生中的某一天，就在進手術房那刻開始，這天也成了我的重生日。

脫下外衣，看著那左右不平均的身軀，總是時時提醒自己「珍惜活著的每一天」。

面對生命中的大巨變，我選擇坦然接受。

雖然身體再也不完整，但我接受了這樣的自己。

不完美又如何，生活依然可以活得精采。

面對生命，我仍然懷抱熱情，一個乳癌的經歷，讓我更坦然接受自己。

知道自己罹癌時，腦中只想著會不會陪著孩子長大，36 次的放射線治療，早已皮膚潰爛，痛楚難眠。荷爾蒙藥物治療也長達 5 年，這對任何人來說絕對都是煎熬。

然而，我堅強走過，不是貪生怕死。而是我要陪我的孩子長大，因為他是唐寶寶。

維希小語：

母愛的極致就是忘了自己，

真愛的狀態就是沒有嫌棄。

既然你跑進我的肚子裡面，

那就註定必須一輩子的陪伴。

我確實放不下，至今依舊天真無邪的你，

於是我決定繼續活下去。

不得不防

乳癌的切身之痛，在我的生命中走過，因此乳癌防治的相關事項，我義不容辭。於是防治短片的拍攝與媒體專訪，我持續參與，只盼以一己之經歷能夠喚醒女性朋友防範未然的觀念。

「伴我十分鐘，輕鬆護雙峰」是雙和醫院舉辦的活動，希望能更提醒女性朋友的重視。30 位麗華聚樂部的姐妹二話不說，就在 2015 年 10 月 3 號，於海山捷運站與我一起共襄盛舉，令我感恩至極。

癌症是細胞的病變，人體的每個組織區塊都有風險，雖至今仍不知癌症標準的起因是什麼，卻必然與生活習慣、環境、病毒、壓力有關。而在自由基的攻擊下，衍生不正常的細胞連鎖效應，於是消除自由基的概念早已盛行多年。

然而，防不勝防，說沒個準。壓力的內外因子誰能掌控，於是各種癌症找上門，誰也無法確認會不會在自己的身上發生。

內臟器官的癌症不易發現，因為包在裡面。而乳癌卻是皮下可摸觸到的地方，每個月簡單的自我檢查，越早發

現，越早可以處理，風險就會越小。

看似容易，乳癌在婦女癌症發生率中已躍居第一，豈容小覷。外型的變化是小事，生命的延續及健康的恢復才是重點。因為影響的不是只在個人，而是全家人。

根據研究，心情與壓力是造成乳腺炎然後衍生乳癌的主因之一，或許我就是如此多年奮鬥的累積所造成。因此適時的放鬆自己，多疼愛自己一點，就能減少很多罹患癌症的機率。

維希小語：

外觀的美醜只是自信的影響，生命的存在卻關鍵著完成夢想的可能。男人要疼女人，女人要愛惜自己，沒有什麼比生命及健康更重要的東西。沒了生命，什麼就都沒了，還管屍體美不美麗？

我不姓唐，我是謝煒崴

這一天的到來，我確實愣住了，我的孩子生病了，天生就病了。這不是遺傳，不是毒害，不是變種，不是高齡產婦的必然，而是上天所給的特殊機會。

我想很少人會期待這種機會，而是害怕這樣的命運，而這樣的命運卻不是你我能在念力設定之中決定他的發生。臺灣平均每天一位唐氏寶寶降臨，如同上天派來的值日生。

在人體的 23 對染色體的倒數第三對，這第 21 對偏偏三貼呈現，成為了人類的第 47 號染色體，這不是缺少的不足，而是多出的祝福。

這數字 21 的加持，47 的獨特，卻也讓身體產生了一些脆弱的缺陷，這些值日生帶來了淨化人心、考驗人性的使命，更帶給了父母與家人一生的功課。

陽光來自天空，照耀大地；

智慧來自心靈，啟迪人性。

愛，是宇宙最溫柔的震撼教育！

　　我從以淚洗面到歡喜面對，我從怨天尤人到同步成長，陪著煒崴一天天蛻變，我也蛻變。原來這是人類最美的畫面。

　　腳踏車的前進，並沒有旁人的牽引；獨輪車的穿梭，又有幾個人能暢然自在。而這一切，我的孩子都辦到了。

　　謝天星光之煒煌，

　　前進崴然之壯闊。

　　人生總是多了什麼，就會少了什麼；

　　我多了甜蜜的負擔，卻少了欲望的追求；

　　孩子多了一條染色體，卻少了人性險惡的貪婪；

　　孩子多了無奈的心理壓力，卻少了爭權奪利的社會迷障。

　　我以我的孩子為榮，感恩上天給予的機會。每一個折翼的天使降臨人間，他們是寶不是惱，他們帶來了與生俱來的福報，並不奢望你虛情的擁抱。

　　他們是生命的導師，是人性的教練；

　　他們是天上來的使臣，不是地獄來的磨難；

他們是你必修的功課，不是你的負擔。

他們不要你的施捨，而是要帶給你心靈的沉澱；

他們不要你的異樣眼光，而是要你反躬自省的覺醒；

他們需要你的敬重，需要你的友善，需要你的關愛，需要你的幫助，因為幫助他們就是幫助你自己。

如果你也遇到了值日生，你確實要謝天，謝天給予特別的恩典。從此你的心念不一樣，人生也必然不一樣。

因為，你已特別遭遇老天的眷戀。精萃你的智慧之根。

智商是生理，慧根是心理

智商是外顯，慧根是內斂

智商高不一定優質

慧根深必帶來福報

智高無慧為惡自擾

慧深少智卻無煩惱

無智無慧少了目標

慧智平衡善行其道

天賜智必有喻詔

自增慧根深地牢

慧根智商交錯傳導

天地之門智慧之鑰

修行／積德／布施

47 號值日生就是你人生的嚮導

我的寶貝兒子說：

我相信我自己，我也不斷在超越我自己！

我相信我可以，你也可以！

我不姓唐，我是謝煒崴！

維希小語：

　　兒子，感謝你的來到，感謝你加入這個團隊，我們因你而榮耀！

錢來自天上

錢真的是從天上掉下來的，

當你有了所謂的靈感，請問來自何方？

當你有了所謂的機會，請問來自何方？

來自你並沒有探究過的方向。

錢也是從地上長出來的，

不然，農夫種的是什麼？

牲畜吃的是什麼？

挖出的礦物又是什麼？

錢是什麼？錢只是具備交換能力的代替物。

但，你又拿什麼來換？

你只是空想賺大錢，

你只是幻想變富有，

但，你又做了什麼？

你沒有將憑空浮現的靈感轉為實際創造的動能，

你沒有將地上長出來的物質善加運用。

天上給了太多的機會，你都看不懂。

你擁有了財富，你卻更不知道如何善用，讓這別人渴望的能力平白糟蹋。

天地覺得浪費了能量，只好化為虛無。

你的錢，就又不見了。

錢真的從天而降！

但，你要學會讓這錢的種子在地上發芽，成長茁壯，開花結果。

滿足了自己，也幫助了世界，不辜負這錢的滿心嚮往。

錢來自天上，別讓祂飄蕩。

維希小語：

善用錢財所帶來的能量，不辜負天地的期望！

因為怎麼來，就怎麼去，別讓金錢迷了路。

經濟

經濟來自「開源節流」，

開源是「創造」，節流是「藝術」，

不斷開源是智慧，

太過節流卻是折磨，

我沒時間再折磨自己，

所以我選擇「藝術的開源，中庸的節流」，

讓經濟自由，也讓身心靈自在。

「藝術的開源」即是善用自己現有的才能與資源，學習再學習，就能再衍生新的才能，凝聚新的資源。如此我們就能將此轉換創造為金錢，因為這就是有動腦袋的努力與奮鬥，而不是拚死拚活的盲目工作。

在大家喊著不景氣的狀態下，其實反而有人因此而致富。當景氣很好時，也是一堆人窮極潦倒，這就證實了景氣與收入並沒有直接關係。將時間與力道使在正確的方向與位置，才能夠恰如其分的事半功倍，不需汗流浹背也能踏實進帳，這就是「藝術的開源」。

「中庸的節流」才不會讓經濟陷入困頓，不然金山銀山也不夠花。但是只需量入為出，並且未雨綢繆之後，也別讓自己的生活過得如同貧窮蒼涼。在各種慈善義舉的需求中，也都能參與一點心力，因為救急難救窮。

這世間並非都是因為錢惹來了禍，卻也因為貧病造就了困惑。婦女將其一生獻給了他的愛人，卻當愛人消失了，愛人失去的能力，或不再有愛時，經濟卻是女人最大的困境。

因此，我將我的觀念與專長灌注在協會與我的事業系統，誠盼一己之力能夠擴散，協助這些頓失依靠的女性也能濟自由、身心靈自在。

> **維希小語：**
>
> 經濟是依靠、錢是膽！只要有創造金錢的能力，就能有依靠，渾身是膽，處處是勁！生命就是如此的美好！

我的分身

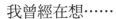

我曾經在想……

為何我需要那麼多的磨難？

是因為業障太多嗎？

我曾經在想……

為何要經歷那麼多的痛？

每一次都痛，一次比一次更痛。

是因為報應嗎？

但，此刻我完全明瞭了。

因為不曾磨過，就沒有將心比心的感受。

不曾痛過，就沒有感同身受的體悟，

當眾多姐妹朋友找我傾吐心苦，我已能迎刃而解、務實分析、給予方向、陪伴走過、強化信心、造就希望。

因為我痛過，我磨過，所以我知道該如何面對與療癒這一切。因為我愛你，所以我願意陪你一起走過。

看似我幫了你，其實我也幫了自己。

看似我救了你，其實我也讓自己再度深層解放。

我感受到被需要，被信任的幸福。

我感受到自己不斷成長的價值，不是只有歲月的痕跡。

所以，姐妹別客氣，因為我就是你，你就是我。

你的事就是我的事，你痛，我可以陪你哭泣。

但哭過，我們一起努力，因為人生沒有解決不了的難題。

勇敢，堅強，因為我愛你。

愛你就是愛我自己，我一直都在你的生命裡。

永遠不會有拋棄，

因為，我們都是「麗華」。

維希小語：

我有數以千計的分身，因為我們都叫麗華，我們來自全臺灣，甚至還有遠從海外來的麗華，我們不只是姐妹，我們是彼此的分身，共同面對、共同享有、共同榮耀。

希望與夢想

如果你把「希望」放在股市，命運不是你的。

如果你的「夢想」只在房市，泡沫隨時破滅。

人生還有很多其他的事，需要「美好的情緒」，別浪費時間在這裡。

在知識經濟時代，希望必須建造在學習，夢想也必須用知識當磚塊。靠學習而獲得的扎實知識與功夫，才有成就希望與夢想的可能。所以我不斷讓自己學習，不斷讓自己成長，然後複製我自己的能力，教育傳承給所有因緣相聚的夥伴，訓練她們獨當一面，訓練她們也有創造的能力。而這一切的根源依舊來自己不斷的學習。

多少人急急忙忙、疲於奔命，為的只是在驚濤駭浪中找到一線生機，卻舉目無光，看不到一點方向。

我知道這樣的感傷，因此我願意放出手中的一條線，放到有緣者的手上，只要你願意用點心、盡點力，無須拉扯、不必糾結，你也能挽出你生命的希望。

當你面向天空，你就會發現，天上正飄揚著你的夢想，那麼安穩的牽引在你的手上。

維希小語：

一條線是希望，飛翔的是夢想！

我願意給你希望，並且陪你打造不會破滅的夢想。因為這一線生機，都在你我的手上。不虛妄！

角色扮演

當我為人子女，我無法留下母親的愛；

當我成為媽媽，我趁機彌補當年不堪的缺憾，不讓歷史重演再傷害。

當你為人作稼，你不滿意你的老闆；

當你身為 Boss，你卻忘了坎坷來時路，狂演熬成婆的囂張姿態。

當咱們遇到奧客，我們萬千無奈；

當咱們也去消費，莫讓對方牙癢，手刀劈木材。

人們總是換了位子換了腦袋，自己做不到的事，千萬不要有期待，因為那將是人生未來的阻礙。

做自己能做的，改自己不滿意的。

原諒，才會愉快！

換位，更是精彩！

維希小語：

角色扮演是那麼重要，因為我們總忘了站在對方的立場思考。想到的永遠只有自己，卻不知道自己有時也很糟糕。

不滿意別人的表現，那麼當自己有機會站在這個位置時，也請別讓人失望。

技術

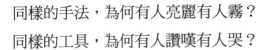

同樣的手法，為何有人亮麗有人霧？

同樣的工具，為何有人讚嘆有人哭？

因為，不知技術為何物！

技術，是熟能生巧的藝術；

技術，是渾然忘我的融入；

技術，是用心觀察，靈活創造的領悟；

技術，是設身處地，為人著想的晶露；

技術，是天地合奏，草木同鳴的禮物。

技術，是愛的舞步。

在美容產業中，多少美容師受過同樣的教育訓練，卻完全展現不一樣的服務結果。這是什麼因素？

是因為資質不同？不是！

是因為老師差別待遇？不是！

只因為用心與自我磨練的程度。

當然，換一個傳承的老師，結果也會不同，因為教法不同。在有教無類的基礎下，因材施教中的每一位學生，也

才會有量身訂做的課程。

　　技術是必須細微傳承的知識，而不是背誦即可複製的資訊。因此，教育是重點，訓練更是精髓。在教育時注重細節，在訓練中抓出缺點，反覆練習，反覆指點。如此，不但不會不完整，還會超越。

> ### 維希小語：
>
> 　　技術的開發是我的專長之一，技術的傳承更是我的拿手好菜。不以奢求推廣之，且盼有緣相聚來。

身段

身段阻礙了學習，自滿蒙蔽了格局。

我，放下了身段，忘記了自己。

沒有粉蜜的覆蓋，沒有色彩的掩飾。

驚嘆，素顏的亮麗！

人到了一定的年齡、一定的成就時，身段已是很難抹滅的產物，不齒下問更是口號，因為何來的下？

當我們須問，即是不足，即是必須學習，學習的對象就是老師，老師必是上，何來的下？因此根本不該有不齒下問這句話。

身段確實是學習永遠的障礙，因為你會被心態阻礙而學不到細膩處，你會被身段阻擋而進不了機會之門。

學習時第一件事就是放下身段、忘掉位階，這樣才有真正成長的可能。在軍中很多軍官受特殊訓練時都必須拔階受訓，即使是上校、少將，都必須聽從教官的指示，而這教官很可能只是士官。

而主場教育的訓練者最大，因為他必須負起所有訓練成

果的成敗，因此即使是將軍也必須忘了自己是個將軍，這就是放下身段。

綜觀職場上，有太多的所謂主管，作威作福習慣了，各種工作事項的學習都是交給下屬去處理，自己什麼都不會，卻說自己只要會領導統御即可，殊不知你連自己的團隊在做什麼都不知道，對在哪裡不懂，錯在哪裡找不到，那麼你認為你真的能夠領導出很好的團隊效益嗎？

因此，不論各行各業，越是領導人越要懂得放下身段，學習關鍵，學習細節，學習大方向，即使你不想自己做，也得看懂團隊每一個成員在做什麼。不然，你究竟在領導什麼？

維希小語：

放下身段才能學習，忘我才有亮麗的結局。

迷霧

只有撥開眼前的迷霧，才能看到前方的路；

只有堅持心中的指南，才能在奮鬥的過程不錯誤。

我沒有自己的夢想，只有踏實的幫助。

夢是霧，幫助才是路。

當你的路途不順利，抱怨只會讓原本的美好加速失去。

當你感受被排擠，或許這個磁場已經不適合你。

你當然可以選擇放棄，只是必須知道原因在哪裡，進而調整改變自己。

因為那是功課，那是磨練的必須。

否則，你的不滿意，不管走到哪裡，還是永遠跟著你。

幫助是付出，能付出就是福，而且在付出之後必然就會有所收穫。這是天地間永遠不變的道理。太過為己的奮鬥，經常得到的是阻礙與失落，產生了怨天尤人的迷霧，在迷霧中喪失了自我，以為全世界都對不起你。

其實，為何不問問自己，為這世界做了些什麼？為什麼

世界必須關照你？當獲得了很多後，卻又以為這是天經地義的收穫，都是自己創造的一切，殊不知只要老天爺眼睛一眨，就有可能瞬間化為烏有。

所謂「老天有眼，明察秋毫」，我們做了什麼，不必擔心沒被看見，希望老天能厚待，那麼唯一的祕訣就是——幫助！

我因為知道這樣的道理，因此我投身公益，尤其是我特別的痛處。唐氏症基金會、世界和平婦女會、乳癌防治，就是我不斷的投入，因為我知道這是我的功課。

維希小語：

天地從來不會獨厚誰。

當上天給了你磨練，你拒絕；

當大地給了你挫折，你逃避；

當開始要給你幸運時，你就會錯過了。

因為，你們並不熟！

謊言

　　我真的不懂為何世間會有謊言的出現，這不應該是文明人類該有的行為。人自稱為萬物之靈，卻運用聰明的腦袋編織顛倒是非、無中生有的謊言，為的只是自私自利，為的只是滿足私慾，為的只是最後自食惡果的因果惡孽。

　　這生中我不曾說謊，我並不引以為傲，我不知為何要說謊，因為我以為每個人都應該如此。話可以不說，問可以不答，卻為何需要謊言？

　　謊言不該屬於人間，謊言來自黑暗的地獄，謊言充滿了負能量，謊言是完全沒有智慧、自以為聰明的迷惘，謊言是作繭自縛的傷。

　　一個謊要誕生多少個謊才能圓謊，卻永遠沒有收得了尾的圓滿。過去我因為全然的相信，確實也受了不少的創傷，慢慢學會原來這些說謊的人們只是生病了，生了說謊症候群，他們以為說謊才能得到好處，以為說謊才能度過難關。

　　有人甚至不知自己正在說謊，因為他的語言從來沒有真實性可言，因為他已經把說謊當成生命中的習慣。

我可以原諒你，但別人不一定可以。

我可以假裝不知道，卻最後反而會害了你。

無傷大雅的謊，我可以當作是你練習編劇，以藝術的觀點看待；太大的謊，我可能也無法忍受讓你繼續，因為你將傷害太多無辜的生命，因此我會選擇迎面痛擊。

沒有可以瞞天過海的謊言，

沒有可以自圓其說，永遠不破的泡沫，

謊言如星星之火，足以燎原，

謊言如一鍋酸掉的鮑魚粥，

別說謊，尤其對我。

維希小語：

當你消費我的誠懇，我只覺得可惜。

當你消費你自己的承諾，真替你覺得悲哀。

失信即是謊言，無信即非人言，看待自己是個人，信是最重要的根。

尊嚴之戰

上一代的錯誤，不該下一代承擔；

下一代的覺悟，卻應該努力追溯上一代的彌補。

每次到了日本，總是滿心感觸。

我們不能忘了自己的歸屬，卻也必須肯定他們的團結如砥柱。

我們爭論著歷史，我們困惑了版圖。

為何不想，我們的尊嚴該如何顯著。

當我們贏得了敬重，贏得了需要，我們已經拿回了心中不曾碰觸的國度。

我用一條線，穿越了武士刀；

我用蝴蝶飛舞的力道，破解了忍術；

我用無比的臺灣精神，照亮了富士山；

我贏得了一場有水平的人性之戰，時尚而不唐突。

日本，我來了！

我是，臺灣人！

因為需要，所以我來了；

因為希望，所以我願意；

我願飛翔，前進所有需要我的地方；

即使只是一條線的希望。

我是蕭麗華，我來自臺灣。

秋意濃稠，不敵豔陽稀釋過。

熱血一波，打散愁緒上心頭。

一條線的思念，未出國門，已渾厚。

感恩守候，不讓燃燒期盼的旺盛再失落。

鳥瞰藍天雲飛翔，

恰似凡塵祈天香；

朵朵楓紅集思念，

無常已在手上忘。

天空的窗口，渴望的繩索，

正在等我！

親愛的，我們身隔兩地，我們遠眺海洋無邊際，

但我們想著，做著同樣的一件事，心繫著共同的結晶。

我們只憑藉著一條線，

同步飛翔，沒有距離。

教育是真誠的分享，傳承是經驗的保鮮，而其附加價值
多如繁星。

最大的收穫就是見證存在的價值。

存在就不被淡忘，

不被淡忘就必然不孤單。

即使此刻的我，隻身逐浪東洋，左右盡是伴。

維希小語：

放大自己的格局，才有國際觀，

錯的是歷史，不是眼前的夥伴。

我要世界和平，不要再紛亂，在我的生命中，只有尊嚴
之戰。

· 參 ·
大愛的蔓延

大愛的蔓延

大愛是什麼？

就是小愛的相反，其實應該說是小愛的放大。

有人說，小愛是自私的，小愛是容不下一點細沙的。殊不知那根本不是愛，而是私欲的佔有。

人類對愛的解讀，誤會太久。

因為愛不是擁有，不是佔據，不是要求，不是害怕，不是患得患失的欲火。

人們誤把喜歡當成愛，誤把欣賞佔為己有。真相是，愛是付出，是奉獻。不論喜不喜歡，欣不欣賞，愛只是一種無私的能量，不需回報，不需讚揚，不需在意任何人目光的「無償」。

登高自卑，行遠自邇。我從自卑轉為高傲，卻又從狂然轉為虛無。原來大小是比較，高低是無聊，我戰勝了自己，卻終於找到了自己的渺小。

正因為，發現了渺小，我看見了偉大，我更加願意奉獻自我的渺小，成就真愛的偉大。

而我所能付出的，所能奉獻的，確實有限。因此我願大愛更蔓延，於是興起了「起承轉合」的心念。

願「起」於自己的蒼然，同理慈悲於眾生的迷惘；

願「承」於天地的浩瀚，寰宇賜與我的使命；

願「轉」於根深蒂固的小我，成就無比偉大的大我；

願「合」於世間因緣而聚的正能量，照亮生命潛藏的智慧之光。

我愛你，我愛每一個需要愛的你。

更願你成為另一個可以奉獻的我。

大愛正蔓延……

起

為何想要開始傳播大愛，這應該起源於我本身的細胞記憶。

因為自己辛苦，所以希望別人幸福；因為自詡為太陽，所以不斷放光；因為習慣手心向下，所以願意付出。大愛的正能量似乎是我與生具有的本能。

我不喜歡看到可憐的景象，因為我會不捨人性的錯亂，不論我的狀況如何，我都希望能幫上忙。即使我是泥菩薩過江，遇水就化。

我想消滅人間所有的不安與不堪。

臺灣關愛之家、唐氏症基金會、乳癌防治、女子監獄，這是我花最多心力的地方，或許有原因，或許沒理由，總而言之我喜歡。

這些都是需要關愛的地方，都是需要不斷有資源灌注的能量場。每個人的因緣不一樣，你可以選擇在你有緣的磁場奉獻，不一定要和我一樣。

愛滋兒童得病不是他們的錯，然而卻被忽略丟棄一旁。

「關愛之家」創辦人楊婕好是個藝術家，卻為了這些孩子，連自己的興趣都遺忘，值得讚嘆。

「唐氏症基金會」當然是與我的孩子有關，我感激他們給與我照顧與引導孩子的方向，所以我把所有的唐氏寶寶都當成我的孩子，希望他們也能快樂成長。

乳癌防治是我切身的痛，我希望在預防勝於治療的概念下，不讓更多的婦女在這樣的無奈中絕望。

女子監獄是我鍛鍊原諒的能量場，我雖不知他們因何而來，又要去向何方，但我希望我能夠提供一點更好的選擇方向。

這世界太多的角落隱藏著悲哀，我絕不袖手旁觀，這就是我大愛遠傳的起心動念。

承

　　我自己創辦的「臺灣美容技藝發展協會」，是我給自己承接的使命感，因為我不要失婚婦女失魂落魄，我不要外籍新娘、中年就業的婦女感到徬徨，我希望在我的創意下，能夠不斷創造讓她們感到溫暖踏實的夢想。

　　心若在，夢就在。我的心一直在，所以她們的夢也就在。「蝶式挽面」就是拍動她們夢想的翅膀，當然不是只有這一樣，因我們總要有一個可以口碑相傳的主力部隊，而這門技術卻也在中國大陸、東南亞、日本、美國各個角落四處林立。而這緣起就在 2009 年 6 月 29 開始。

　　各大媒體爭相報導之後，學員們的口碑相傳，確實是讓這門獨創的技術遍地開花，遠播重洋。坦白說，我是很有成就感的。

　　然而，這樣的成就感，我並不想獨佔，而是希望傳承之後再傳承，讓這樣的技藝能夠不斷在各地延伸，幫助需要幫助的人，美化需要美麗的臉龐。

　　我似乎承接著上天的旨意，盼能創造更多人的希望。其實我不斷在研發新技藝，希望能將古今中外的一些原理技術做一個改造，讓技術不只是工具，而且是一種藝術。

當一項項系統化的技藝建構完成後，我希望透過更系統性的傳承方式，教育培養新秀，讓她們能夠不斷延伸傳承，這就是我的「傳之技，承之願」。

轉

轉化觀念才會有新的機會，轉念根深蒂固的小我思維，成就真正偉大的大我。

個人的成就感當然是小我，因此我開始複製，複製下一個蕭麗華，複製下一個成就感，複製下一個幸福。

光靠我一人之力，我的能量有限，聚集眾人之力量，我的力量卻無限。在自我事業的團隊中如此，在共襄盛舉的慈善行動中也如此。

我不斷在幫助別人的過程中，希望引導她們也能有付出、奉獻、幫助的心念。

境隨心轉，人有善願，天必從之。我感恩天地在我設定的目標中加持，我感恩貴人們在我前進的路上相助，我感恩一切的幫助，讓願力圓滿達成，讓我可以不斷前進下一個目標，我感恩。

先有快樂，才有幸福。因為快樂是一種想法，幸福是一種感受。沒有快樂的思維，何來快樂的感受。

這些日子來，我讓自己的身心靈也有很大的成長，更懂

得欣賞世間一切的美好，更懂得創造人間更多的感動。

有時我讓人們感動，這時我是滿足的。有時我讓自己也感動，這時我是振奮的。

親親而仁民，仁民而愛物。我在愛自己之後，愛家人之餘，愛夥伴、愛學生、愛周邊的朋友之外，我開始愛著所有的陌生人，愛著天地的人事物。因為我不會本末倒置，不會矯情造作，不會沽名釣譽。因為我知道這世界需要愛，需要從裡而外的分享，需要不斷感染的大愛。

我不再以太過華麗的外表裝飾，在典雅禮貌的範圍內，我力求自在，即使素顏，我也坦然。我不斷扭轉著我的思緒，因為我不希望只是肉身的變老，而是期盼真正的長大。我把自己放虛無，才有更多的智慧納入。

我以最高的道德標準要求自己，卻也不再奢求周邊人事物的滿分。因為，我知道這世界的不圓滿是常態，醫生總有救不完的病患，老師總有教不會的學生。

我把自己看淡，我把責任看濃，我把對一切境界放空，只朝著我要前進的方向，釋放自己，奉獻自己，感受大愛，感受無我，體會被愛。

因為我值得，因為我願意，因為我就是愛！

合

合作是一門學問，更是一門藝術，卻也可以是真正的大愛。

我靠我自己創造自己的世界，這是數十年來不曾改變的方向，因為過去的我確實孤立無援，從無到有，從荒蕪到豐收，從黑白到璀璨，這是多麼精彩的燦爛。而我也確實習慣了這一切的模式，因為我認為我可以創造一切。

我嚐試著與人合作，卻因識人不清而有些失望。我推薦了我的夥伴、學生前往學習的方向，卻因對方的不信守承諾，怨聲四起。這又讓我對合作開始退縮，因為我無法掌握每個人的心念，我無法分辨是真誠還是謊言。因為我是如此單純的信任，只希望大家更好，卻依舊產生了如此的不安感受。

我開始學會觀察，開始學會判斷，甚至偶爾測試的考驗，當然這並非一種真正有智慧的行為。但，在黑暗中我總是看到光亮，因為我從不讓自己絕望。我無法左右壯大者的心念，卻也能夠影響追隨者的思維，讓他們自我觀察、自行決斷，而不再是我的強力推薦。

這些日子，我看到了有人做事的方式，為人的態度竟然與我一樣，而且凝聚力超強，一呼百諾的影響力，四面八方而來的菁英份子拜其為師，尊其名為師父。他沒有修飾的外觀，只有雙眼閃亮的氣宇軒昂；他沒有食言而肥的惡習，雖是碩大的身形，卻是說到做到的穩若泰山。

我感到困惑也覺得欣喜，因為這世間還有如此這般的奇人。我感受其無比的正能量，感受其言如李斯，文若韓非的流暢，看到了「言武門」正發光。這就是本書的總編輯許宏。

是的，我開始全然的信任，全然的合作，因為我知道如此的合作不是兩個人的合作，而是一群群正能量的凝聚。

你的心有多大，世界就有多大！

結合同頻共振，強化等量波長，加大振幅，共同發光，朝向正面更遙遠的地方。

美容事業的濫觴

為了煒崴開設「薇薇美容沙龍」

時間過得真快，暑假（2006年）後煒崴就要上小學一年級，擔憂著他是否可以適應小學生活，又思維幼稚園可以像保母一般隨時呵護、照顧小朋友，而小學呢？於是蒐集了煒崴即將就讀學校的相關資訊，知道學校空間大、但小朋友人數多、小學生課業也重，為了特殊兒童的學習安全與效益，學校規定家長必須協助老師帶領這位小朋友。

於是煒崴就讀小學這個問題，足足困擾了我兩個月。有一天想放鬆心情，獨自來到陽明山散散心，走在涼風徐徐的花叢小徑裡，來往的行人不是很多，陽光在樹梢頂上耀眼著，我停下腳步，盡情的享受清新的空氣，藉著緩慢的吸氣、呼氣間讓困擾緩解過來，當然更想「吐氣如蘭」，顯現高雅些，但不可得。

只好又邁開沉重的腳步，而幾個問題就不斷的在腦海裡打轉：仍舊在召寶公司上班？回家照顧煒崴上學？依我的個性不上班可以嗎？這不是我要的人生？邊走邊思考，偶然抬起頭，見著前方走來一位打扮入時的小姐，香氣撲鼻（可惜化妝技術差了一點）。啊！突然「創造美麗」與「美

容」兩個概念,在我腦海裡靈光乍現。我要轉換工作跑道的念頭隨之而起!既然我有玫琳凱的工作經驗和美容師證照,為何不轉型「美容」事業呢?

不服輸的個性,開始為自己打支強心劑,「思力之所致的地方,必有成功之事實,只要我願意,一定能改變情況。」於是我積極的想在網溪國小(永和市)附近,頂一間美容沙龍,靠著地利之便,可以就近照顧孩子,畢竟孩子的成長乃是我最重要的課題。

「皇天不負苦心人」,煒崴開學前,我在學校附近成立了「薇薇美容沙龍」。我的經營方式是顧客採用「預約」,若是煒崴在學校出狀況,要家長到校處理,才能騰出時間配合;職能治療時,我也能依規定陪伴他,也就是我可以告訴客人:「額滿了,是否可改個預約的時間。」

篳路藍縷從「無」到「有」,我一點一滴建立起「薇薇美容沙龍」的信譽,這中間的辛苦就靠著堅定毅力撐過來,一面帶著煒崴上學,一面操作美容課程。

美容事業的拓展,雖然有一個接一個的問題,不斷的反覆重演,但這是我的選擇,我忠於自己的選擇,也忠於自己的理想和目標,因此我甘之如飴,心境也平和寧靜,只

因可以照顧煒崴，讓煒崴在普通班就讀，看著他快快樂樂的上學，平平安安的回家，就是上乘之選。

為了煒崴的就學方便照顧，在學校附近開設美容沙龍，無心插柳柳成蔭，開起了我的美容事業。正因為接觸女性朋友多了，為人妻、為人母的我才發現，在自己身上的遭遇並非個案，原本為煒崴進行療育、治療，只是想點亮他的未來，後來照顧煒崴有了新的體認繼之產生新動力，就像盞明燈，點亮我的善心去感同身受女性朋友的悲痛境遇，而決定選擇做女人的事業，於是美容事業一步步萌芽、茁壯、分枝……。

維希小語：

從小的成長，我知道愛是需要與被需要。孩子需要愛，所以我必須愛，而且這是天經地義的愛，是天性的母愛。

在權衡得失之際，我一步步走向讓自己成就兩全其美的圓滿，不再選擇顧此失彼的奮鬥。

臺灣美容技藝發展協會

現代婦女因為社會結構與環境因素不同，女性擁有高學歷已非夢事，但是家庭與事業的衝突，往往讓女性不得不做出選擇。有人選擇當個全職的家庭主婦，有人選擇當一個職業婦女。無論如何，女性在各方面雖有機會成長，卻也使得現代婦女身兼數職，最後可能導致離婚或身體出狀況……

我過去的工作屬性都偏男性的工作（捷運局、開公司），有可能是因小時候長輩重男輕女的觀念，讓我在做人生抉擇時選擇了工程業。

那些年來我想證明男人可以做的工作，女人也可以，也許真的做到了，但這並不是真正的我。還記得當時大哥可以上大學，而姊姊們都唸高職夜校，並且必須分擔家計，雖不開口，但心中有千百個不公平的想法。

現為人妻、為人母，我才發現，在自己身上的遭遇並非個案，女性在時代衝突下，往往有些不同的故事，每當我聽到別人的故事，都能想起自己童年的困境、傷痛以及有個唐寶寶，這種切身之痛我感同身受，也因此立下目標，

並希望女人可以幫助女人，互相扶持，讓生活更好。

現實的生活問題，使人束手無策，需要朋友間互相扶持、互相鼓勵，也需要自己不停的學習與突破。因此，我和一群愛好美容的朋友，常藉由「假日聚會」、「參觀美容展」相互切磋美容技藝，分享美容學上的知識，小小團體自然而然的產生了。

2007 年 9 月，在數十位好友的催促下，我成立了「社團法人臺灣美容技藝發展協會」，美容協會的架構與宗旨是在協助婦女二度就業，利用所學的技藝簡單創業，先自求溫飽後才有能力付出幫助別人。

兩年來這個小團體慢慢的成長與茁壯，不但人數增多了，發展交流的層次也提昇了，對於一些家庭都有實質的幫助，且看得到成果。

這年我也結束了經營一年多的「薇薇美容沙龍」，轉為投入協會業務，邀約女性朋友，加入我們的協會，參與美容技藝活動，讓會員們生活更快樂、更美滿。其間除了傳達「有夢最美，築夢踏實」，也積極規畫，期盼藉著「美麗」創造公益，回饋社會。

另外值得一提的是，協會除了美容課程，每個月也舉辦

DIY課程與保健課程（手工香皂製作、飾品製作、肩頸按摩、頭部SPA、體重管理和排毒、腸道保健、現代人應有細胞營養保健觀念……），都很適合家族一起參與，我希望營造「一人多藝帶動家人共享」。簡單的說，就是在我們這裡的學員，她們的家人（公婆、先生、孩子）也能到美容教室，一起歡笑，一起學習，一起品味「美」的饗宴，如此把廣義的美容課程，鋪陳在生活中，是為學習美容課程的附加價值，讓女性朋友們一起「手護美容、守護家園」。

承接職訓局「三年五萬學習不斷」方案

成立美容協會之初，會員們相互以「雙手創造美麗，雙手幫助弱勢」為願景，鼓勵自己靠一技之長，美化人生也協助別人。

月末聚會的日子到了，每人就準備一道菜來到協會，餐會後是分享心得和話家常的時間，極少發表意見的雅娟說：「每當我想起，住家大樓打掃的美惠和他兒子凱凱，真是難過……」

凱凱出生時，醫師就診斷他是唐氏症的孩子，一個家庭突然降臨了殘障兒童是多麼大的震撼。爸爸受不了折磨和煎熬，在凱凱二歲時遺棄了他和媽媽，這些年來美惠默默

承擔，帶著他一起到大樓來做清掃工作。」

「有一天中午，正要外出用餐，看見母子兩人坐在走廊地板上，美惠耐心哄著凱凱吃飯，可是孩子又吵又鬧……我走過去，拍拍她的肩膀，還來不及安慰她，她邊說邊擦眼淚：『阿姐！我對人生好失望……』沒錯！殘障兒童的父母最怕時光流逝，當父母老去，留下的孩子誰來照顧？誰來疼愛？內心所產生的焦慮、恐慌，不是一般人所能了解的。」

聽完雅娟的陳述，一向熱心助人的芳雯說：「理事長！前些日子，我看見報紙，刊登勞委會職訓局委辦電腦培訓，我們協會是否也可以向職訓局，申請委辦美容技藝相關課程，如挽臉、指甲彩繪、修眉等就業、創業技能教學，使殘障兒童的母親或失業者，學得一技之長，改寫他們的人生。」

在場的夥伴們先是拍著手，接著你一言、我一語的鼓噪著，一直催促我向勞委會打聽，如何承接職訓局委辦技能培訓，幫忙無法上正常班的婦女就業或創業，改善他們的經濟環境，使一些「殘障兒童」得到更好的照顧。

是的，芳雯的提議「一語驚醒夢中人」，我們協會為什

麼不嘗試一下呢？心動不如馬上行動，「眾志成城」相信沒有克服不了的難題，何況職訓局的工作人員正等著熱心機構、社團的諮詢呢！

當下我拿起電話接洽，承接職訓局「三年五萬學習不斷」方案，如此的思維與行動，符應了協會的願景「雙手創造美麗，雙手幫助弱勢」。這個方案的執行一期又一期，使我們協會的能力跨前一步，羽翼更豐盛，也促使我個人的美容事業起飛。

參與職訓學員的心聲

其一：老狗學會了新花樣

電話鈴聲響了！

「喂！美容協會嗎？」

「是的。」

「我是慧儀，我家信箱有張廣告單：『三年五萬學習不斷』方案，行政院勞委會職訓局，補助學習課程費用80%到100%。這則訊息讓我怦然心動，雖然已邁入中年，但是我想把握機會，參加協會美容課程，善用政府資源，增強自我專業。」

「人生之中有很多機會稍縱即逝的，歡迎妳前來報名，充實自己技藝，等到將來有機會，就可以大展長才。」

慧儀就這樣成了協會的學員。

沒有美容概念的慧儀先進入「美容實務進修班」，周二上午 9 點到下午 4 點，96 小時的課程，由美容史概論開始，中午休息時，慧儀自言自語的說：「我……鴨子在聽雷。不不！我要有信心，努力的聽課。」

幾次上課後，慧儀慢慢進入狀況，從十二經絡按摩手法與操作、臉部護膚手技示範及實習、手部護理、背部芳療、淋巴按摩排毒手法、綜合美體舒壓按摩手法……她認真的聽講，也一一的做筆記。

教室上課的氣氛，學員們如沐浴在春風中，喜悅與信心也不斷提高。慧儀獲得結業證書時，她說：「老狗學不了新花樣的魔咒被我打破了，感謝協會講師耐心的指導，讓我完成進修班的關卡，我會再接再勵參加『美容技能實務養成班』與『全方位整體造型專業班』專業的課程。」

其二：把握機會更上一層樓

泰雅族的佳佳高職美容科畢業，在美容坊當助手 2 年，結了婚就待在家中帶小孩。

有一天，帶著孩子散步，看見協會張貼「三年五萬學習不斷」專案廣告，好奇的敲開協會大門，詢問「美容技能實務養成班」課程，學習費用、上課時間、開課日期⋯⋯當她得知課程結束後，得依照補助資格退費，高興極了。

「老師！我把孩子安頓好，立刻來報名上課。」

整整96小時課程，從專業美容護膚流程介紹、黑白攝影妝、外出郊遊妝示範與實作、彩色攝影妝、職業婦女妝示範與實作、大小舞台妝、日宴妝示範與實作、新娘妝示範與實作⋯⋯，佳佳從不缺課，深怕請假會跟不上進度，每次上課總是心無旁騖的盯著老師講解與示範。

看到婚後學員，這種刻苦好學的精神，不是時下年輕人所能比擬的。他們努力替自己構築美容師的城堡，我覺得很欣慰。結訓典禮，我告訴學員：「妳們願意更上一層樓的學習，讓我感動！恭喜妳們結束階段性的課程，美容技藝日新月異，倘若只顧驕傲的駐足著，將失去成長的動力而原地踏步，失敗就會接踵而來。期盼學員們能互相關照，互相提攜，彼此感恩！感謝行政院勞委會職訓局的補助，圓了您我的夢！我也可以驕傲的告訴職訓局人員，你們的資源及補助會開花結果的。」

維希小語：

　　「薇薇美容沙龍」是源起於對孩子的愛，「臺灣美容技藝發展協會」卻是對所有女人的愛。此刻開始，我知道我愛已經開始從小愛變成大愛。

獨特的美容技藝研發

人間福報記載：「科學家發現以每秒 4 至 5 公分的速度，撫摸人體皮膚就能刺激 C 神經纖維，將愉悅訊號傳送至大腦。」

運用這則資訊，我深深相信「按摩」會產生愉悅感、舒緩壓力，又可以解除疲勞，是個值得經營的身心靈保健課題。

也因此，從人體的生理學、肌肉的紋理解剖等相關中、西醫論點，都會含括在我的美容世界中，加以研究、類比開發，而按摩就是我研發的方向之一。

簡要說歐式重淋巴、泰式重筋骨、臺灣重經絡，日式、美式、韓式也各有奇巧值得學習。這麼多時髦「派別」與「經驗」的累積，孕育了我自創品牌擁有屬於自己的按摩手藝，如此精益求精，自創品牌，擁有獨創性，開拓事業才有更多的可能。

記得 14 歲那年，阿嬤用棉線教我「挽面」，起初有點怕怕，多練幾次後倒也得心應手，如今從事美容業，喜愛分析、研究的習氣，趨使我將傳統的「挽面」技巧，加以改良，我藉著改變操作棉線的角度，來提昇清除臉上細毛的

效果，同時也增添了美容師與客人間的互動性，結果獲得廣大迴響，學習者絡繹不絕，「挽面」成了現階段的教學重點（已拍成影片）。

俗話說：「行行出狀元。」可是說得容易，要成功得肯下功夫，譬如建立目標、改變心態、勇往直前……，因此我的美容教學，除了將自創品牌手藝的傳授外，我也重視美容師的身心靈養成訓練。

維希小語：

技藝就是技術與藝術的結合，因此美容技藝的研發與傳承是我近年來的重要創作與使命。我希望能夠在特殊、完整、簡單、易學的基本條件下，不斷創造新的技藝，讓美容師有不斷新的話題，讓愛美者有不斷的新奇感受。源源不斷，生生不息。

公益

不為己之私欲，盡為公眾謀利益，即為公益。

時代進步了，人心在衰微；功利在狂奔，人性在摔尾。這樣的窘境多麼危險。

勞資雙方的對立越演越烈，產業外移不曾停歇。媒體爆料的只有八卦，只有慘劇，只有亂象，只有危言聳聽的悲慘。

電視播出的，不論是連續劇或新聞，盡是抽絲剝繭的犯罪示範，造就不斷精密的犯案手法。這是媒體無知的傳染病，但誰能治好它。

知名人物被專訪，盡是淒風苦雨的論斷，讓人聽了前景未寒，心已寒。

大家的貪婪忘了社會責任，殊不知大人物一句激勵的話，一段正面的文字，都能夠給市井小民無比的鼓舞。不要離開出走，不要唱衰。

臺灣人的愛，臺灣人的能力，在世界各角落需要幫助時，總是前仆後繼，不落人後，這樣的能量若運用在自立自強，扭轉局勢，我不覺得有什麼不可能。

或許你會說數字說明了一切，實際上善款的數字也說明了實力，而不是只有貿易外銷的數據。

臺灣人能為這土地做的事太多了，事實上不斷在奉獻的人不勝枚舉，這些都讓我看到了希望。

我們別問，為何有能力的人不先幫臺灣人，而遠渡重洋救災。殊不知臺灣在多少次的免於災難，都來自這樣的公益大愛有關。

臺灣人在公益上的熱情，天上天下地上地下都看見，連外國人都感動，我們何來需要妄自菲薄，望天自嘆？

政治經常是情緒衝動的選擇，卻從來不是什麼保障。但，我們所擁有的過度自由，已是被四海所羨慕。

我們無法左右當權者，審判者的心性，但這卻也是古今中外此起彼落的人性卑劣之必然。

我有小失望，卻沒有絕望。因為我們擁有的自由可以凝聚正能量，做我們想做的事，行我們的善舉，做我們的公益，救我們的臺灣，救這個地球。哪怕只是一小撮人的發起，我們都值得彼此讚嘆！

維希小語：

　　因為我與你一樣，深愛臺灣，熱愛地球，更愛每天照耀我們的太陽，這世界總是有陽光，天天有希望。

學以致用

很多人問我：「一個女孩子家可以在辦公室吹冷氣，遮風避雨，為何要下工地，遭受風吹日曬？」

我說：「是的，這是連男人都不喜歡的工作。但我學的就是土木工程，倘若學土木不打樁、不砌磚，那學土木幹嘛？就像習廚藝不進廚房、不洗菜、不動刀、不耍鍋鏟；也如同學美容卻不做臉，學芳療卻不用天然精油一樣好笑。」

所以，不是我奇怪，而是社會造就的思維太怪了。不學以致用就是混文憑，一張證書能夠證明什麼能力呢？臺灣的教育越改越糟糕，增加上學的時間，阻擋了實際面對問題的能力。證照也不切實際，擁有了證照不會實務操作，那這不是公然撞騙嗎？

學以致用不是要你一成不變，而是要你靈活運用。但沒有實質的現場經驗，哪來務實的歷練，又何來創意與創造力的根據？

回顧今生我所學，從來不浪費，因為我沒有時間浪費，最後獲得的亞洲大學 EMBA 企管碩士，我也實際運用在我

的事業經營管理上。

我們的社會病了，但我卻更必須盡己之力，協助所有與我有緣的人，從思維、從行動中改造。讓生活在這環境的人們，不再只是抱怨、只是等待，而是創造。

維希小語：

學該學的，學想學的，補欠缺的，練該練的，精益求精。學優秀的，學強者，不怕苦，不怕難，珍惜，感恩。

將所學過的一切，學以致用，發揮創意聯結，永不放棄創造新的機會，這樣的精神再燃起，何嘗不可能再見到「臺灣的第二次經濟奇蹟」。

愛的力道

當你不需要我的愛,為何我還需要使力道?

大愛不是濫情,大格局不是沒腦袋。

親親而仁民,仁民而愛物。事有輕重緩急,本末先後,豈可能沒有遠近親疏之分,而一視同仁之理?

所以,對家人鬼吼狂叫,對父母拳打腳踢,卻對朋友百依百順,這不是有病嗎?

看著蚊子叮兒子,卻叫兒子別動,說蚊子餓了,說牠必須哺育下一代,這病得更重。

每個人的價值觀不一樣,當然也有成就感的差異,教學這些年來最有成就感的一次,就是 2009 年獲聘為「交通大學先進釋放科技 ADT 團隊」之深度輔導顧問,為一群大學教授上課,突然感覺有一種翻騰的存在感。

因為被需要,所以我願意;

因為被重視,所以我珍惜;

因為被器重,所以我感恩。

每個人的空間與時間都是有限的,因此我只能將自己的

時間花在被需要的刀口上。

　　當然，我的家人必然第一優先，然後是緊緊跟隨我的學生，夥伴與朋友。這必然是放諸四海皆準的方向。

維希小語：

　　愛是神奇的力量，可以將所有的不可能變成可能。但也務必視己之狀況，量力而為之，才不致本末倒置的失了方寸。

善舉

善惡終有報，不是不報，時候未到。很多人覺得好人不長壽，禍害遺千年。其實，這是因為富貴時淫之，絕境生智慧。沒有人是絕對的善，也沒有絕對的惡。

良善之人生惡念，會被稱之「假道學」；萬惡之人為一善，會被稱之「浪子回頭」。精進心易起，長遠心難持。人總會在困境起盜心，在順境貢高而我慢。這是自然。

不論昨日種種，不談前世功過，今生今日所受者，盡是因果而已，盡是自己鋪陳的劇情，照演罷了。

我們今生有緣相聚，若共造善舉，那麼未來我們便有善緣。若共創惡行，未來也必然苦難相纏。

這些道理，無須高僧大德開示，3歲小兒也可知，因為這就是大自然。

因果不曾放過誰，自在看待每一個發生，因為那都是我們該承受的，沒什好抱怨，沒什好感傷，不是報應，就是磨練。

既是報應，本就該償還。既是磨練，本就該體驗。人生經歷了那麼多，我們都該長大，都該感恩。感恩所有的被幫

助是幸福，感恩所有的被傷害是清債。

今日的我們希望可以只有功沒有過，那就只能善舉不造孽。勿以善小而不為，勿以惡小而為之。

幫助就是善舉，善舉盡是本份事，因為這一切的出力，始終會回到我們的身上。

> 維希小語：
>
> 思己行善，樂趣。見人行善，讚嘆。
>
> 時而造陰德，不為人知。時而高調行，拋磚引玉。
>
> 若問熟好？皆好！

慈善團體

臺灣的大學之多,世界第一,臺灣的慈善團體之眾亦是天下無敵。你會說為什麼不把力量集中起來,把資源主體放在幾個大型的公益團體即可。

這是錯誤的概念。

因為,每個慈善團體都有其主軸,大團體也不一定能夠面面俱到。所以我著重在資源較少、卻需要長期資助的較小之團體。唐氏症、乳癌防治、女受刑人、弱勢婦女是我花較多心力的方向。

而我所創辦的「臺灣美容技藝推廣協會」,雖非以慈善團體自居,卻也是不斷在公益上付諸心力的團隊。

當然,這社會確實也有很多假慈善之名而斂財騙色之不法人士。這必須藉由眾人之力量將其公諸於世,甚至繩之以法,斷其惡孽。

但,假和尚真布施,不必在意假冒的行為,而只關注自己奉獻的心念。各人因果各人背。更不需去懷疑這世界,這社會,而減少了我們的熱情。

我們只在意，需要幫助的人是否能夠真正受到幫助，而不必罣礙是否有人欺世盜名，招搖撞騙。

　　這次被騙了，下次注意點。下次又被騙，再更注意點。我們有能力一直被騙也是好事。省得資源不足的人們也被殘害，雪上加霜。

　　慈善團體大了，難免會有沽名釣譽、偽善之人。我們當然不能因為這種害群之馬而弄得人仰馬翻，自亂陣腳。

　　慈善是一種心，一種行，一種即時雨的幫助。

　　慈善的創辦是辛苦的，但奉獻的過程是喜悅的。

維希小語：

　　為善最樂！別讓快樂的心情，被沒有意義的分別心給玷汙了！

女人

我是女人，也是男人。我比女人更了解女人。

我很年輕，但我歷經八股文化的封建環境，也體悟現代新潮的女權聲浪。但，我們不能被社會誤導，前進了錯誤的方向。

我們爭著男女平等，這是無聊的爭端。因為男女從結構與心靈從來沒有平等的地方，包含每一個細胞的情緒與現象。

婦女是永遠的弱勢團體，爭著爭著，就創造了超高的離婚率。打贏了官司，換來的自由，卻也有如剖腹生產，留下了永恆的刀痕。

而這一刀豈是一刀，而是肚皮、腹膜、子宮，共三道。縫合了皮肉，卻沒有縫合了筋脈。斷裂了的循環，總在未來的日子隱隱作痛。

女人，要的不是平權，而是尊重。女人要爭的不是霸權，而是自主權。

可以被疼愛，何必太堅強；

可以靠丈夫，何必自己來。

但，疼會疼多久？愛能多持久？

當激情不見了，愛還在嗎？

當一句：我忍妳很久了，我們實在不適合；

對不起，我愛上別人了，她有很多妳沒有的優點；

祝福我們吧！

更多犯錯與分手的藉口，不負責任的理由，你我應該都耳熟能詳。

但，重點是接下來我們的生活呢？

我們不怕失去依靠，而是怕在沒有依靠的時候，我們卻也毫無自己保護支撐自己的能力，這才是我們必須堅持、重視、爭取的。

我們當然可以為愛奉獻一切，但我們不能連一個自保的能力都沒有，因此在婚姻與自我事業的平衡上，我們必須讓自己保留「自主權」。

而不是等到愛沒了，被遺棄了，如同寵物棄養一般，無法適應沒有主人豢養的生活。

　　我們女人也是人，因此為自己保留各種無常發生時的尊嚴，才是我們「權」，才是我們要的「平等」。改變無法改變的改變！

維希小語：

　　女人是愛的產物，更是愛的泉源。女人是母性的光輝，更是美麗的代表。女人有小愛的堅持，更有大愛的崇高。為了愛，她可以什麼都不要。因為女人就是愛的化身，愛的代表。

女子監獄

我們沒有資格慷他人之慨，而對每一個犯行原諒。因為原諒不是我們的權利，而是受害者的選擇。

然而，有一些錯是可以改過的，是可以曉以大義，可以引導使其不再犯。

法律上的定義罪犯很奇怪，律師贏了，法官說了算，這實在是文字奧妙之所在。所以很多犯人抓不進來，抓進來了不一定是要犯。法律在精神疾病上給予特殊的寬待，殊不知哪一位罪犯不是「身心靈」出了亂。

本文不討論罪犯，卻是在描述為何我願意前往女子監獄持續奉獻教育，因為所有的犯行都是心靈的迷惘。

若能減少一個再犯的罪犯，讓他們出獄後回歸生活的正常，那麼就能減少更多人成為受害者。

罪犯，出獄後經常否定自己，也在意別人的眼光，讓他們無法重生，無法再生，豈能更生？我期待他們在重見天日後，都能自立更生，不再否定自己，不再埋怨社會，不再給自己與世界傷害。

因此，我持續在監獄中進行職能教育，願她們一技之長

能夠再一次找到愛的希望。並且將此項任務陸續傳承給願意的有心人接班。

而我則是花更多的時間在心靈層面給與導航，用我的故事，用我的正能量，讓她們知道逾矩的行為並非解決問題的方向。

人都會犯錯，怕的是明知故犯，一犯再犯；怕的是傷害了別人卻又無關痛癢。

話是說給聽得懂的人聽，機會是放給願意的人珍惜，我不敢奢望有多大的改變，卻期盼能救一個是一個，能改一對是一雙。

犯罪是不明白因果的可怕，明白了因果依舊再犯，是無法控制自己的習慣。

觀念是在大腦，必須教育；習慣是在潛意識，必須訓練。成就如何一瞬間，就在觀念與習慣改變的那瞬間。

放下屠刀立地成佛，不是說痛改前非就能成佛，而是這至少是個希望的開始。

神愛世人，信我得永生，我願赦免你的罪過，不是什麼錯都沒了，而是希望你真的能夠改過。

我能夠做的太少，但我克服了恐懼，願意用愛來影響。我們做不到如同地藏王菩薩一般的慈悲，地獄不空，誓不成佛。

但，我至少希望「監獄不空，心靈引導永不斷」，願天下不再有罪業，願社會人人皆良善。

> **維希小語：**
>
> 進得此所，痛定思痛；
>
> 出了此門，不再回首。

我也是麗華

「麗華」這個名字，是上天給我的愛，我格外珍惜。有人說這是菜市場名，普及率太高，沒有特色。

是的，如果這名字不好，為何會有一堆女性被命名為「麗華」，卻不選擇改名？

現在臺灣的戶政制度，改名字已經不是什麼豐功偉業，不必舉證，也不必透過關係，而是輕而易舉的自我選擇。

偶然間，我認識了一群「麗華」，由部長蕭麗華（板橋）發起了一個「麗華聚樂部」，只有身分證真實稱為麗華的女性，才能成為我們的一員。而今竟然已近八百壯士，持續飆高中，並且還有來自海外的華人慕名相聚，只因我們都是「麗華」。

這是對父母恩賜生命的珍惜，是呱呱落地後被呼喊自己的代名詞，我們選擇熱愛，選擇發揚，選擇因為每一個麗華的努力奮鬥而讓麗華更添光采。

我們會因為任何一個麗華的傷心受挫，共同給予溫馨療癒；我們會因為任何一個麗華的成就喜悅，同感振奮榮耀。

我們對著彼此呼喊著，麗華恭喜、麗華加油、麗華我愛

你。因為愛對方就是愛自己。

我們可以在瞬間動員數十個麗華齊聚，只為了共襄盛舉。我們忘了我，忘了你，因為我就是你，你就是我，我們就是我們，因為我們都是麗華。

我們有一種兄弟爬山各自努力的祝福，也有一種不分彼此的凝聚，因為我們都是麗華。

我們為麗華見證了各種奇蹟，我們為麗華同行作公益，因為我們希望世界因為麗華而更溫馨、燦爛、亮麗。

我們來自不同家庭、不同父母、不同環境、不同的生命歷程，甚至我們有著相距數十載的年齡差距，但是我們卻擁有了巧妙的內心零距離。

美麗花蝴蝶，華然穿枝葉；
翩翩飛翔起，世界展媚力。

麗華，這一篇獻給你，這一本書也屬於你，因為這是我們榮耀的共同註記。

我以身為麗華為榮，相信你們也是！

維希小語：

報告麗華，我們出書了，這是我們的第一本書，是我們共同的努力，共同的生命意義。

麗華，我愛你！

因為，我也是麗華！

雲端上的太陽

我很厭惡「可憐之人，必有可惡之處。」這句話，這是阻止善行的愚痴之語，假因果之名，為己之吝嗇而護航。

我從小辛苦的長大，但我知道我並不可惡。

我看到太多需要的幫助，但是他們也不可惡。

我們不能把所有的現況推給前世，似乎今生不必負責。

我們不能等到什麼都有了，才懂回饋是什麼。

當我有一顆饅頭，我餓了。你卻告訴我，你快死了。我會將大部分的分享給你，自己只留一口。因為我知道你比我更需要。

我不會在你找我共行善舉時，告訴你我已捐過。我不會告訴你我一直在做。

我只知道，現在你需要什麼，而我能做什麼，就做。

因為我不想留給自己任何遺憾在心頭。

我願自己在雲端，因為雲端更能眺望遠方。

我期許自己是太陽，因為太陽可以照亮希望。

我也喜歡站在地上，因為泥土支撐，灌注了我更多力量。

我，前進每個需要愛的方向。

我想，我是雲端上的太陽！

維希小語：

不尋他人苦之因，只為當下助之樂。

療癒天使

每一個生命來到世上，

都帶著使命，都帶著希望，卻也都受了傷，

在遠古的記事本，在 60 兆個細胞上，

這是永遠揮不去的記憶，即使你已經遺忘。

我從天而降，穿越了大氣層，

穿越了人類的臭皮囊。

我穿越了腹膜層，穿越了子宮牆，

瞬間著了床。

我在羊水中掙扎，在哀愁的身軀中晃蕩，

我穿越了隧道，突然從水中再度接觸空氣，

天啊！真的如此燒燙。

我緊閉著雙眼，憤怒哭喊，

這不是我想來的地方，

但，一切為時已晚，我也迅速淡忘，

究竟我來自何方。

我一天天長大，過去的一切忘得精光，

我開始懵懂面對新的學習殿堂，

這竟是我今生的濫觴。

我看著滂沱大雨，眺望天上，

原來一字字的使命都寫在水滴上，

水滴打在身上，在我的成長歷程中慢慢釋放，

這就是我的功課，我的國王衣裳。

我忘了自己的傷，給了成長滋養，

我忘了自己的迷茫，給了夥伴療傷，

我的言語盡是膏藥，我的眼神盡是療癒之光，

原來我是療癒天使，專門給這世界療傷，

我，來自天上。

我已然在療癒之中茁壯，

療癒了別人，也療癒了自己，

造就了更多的夢想，維繫著眾人的希望。

我開始長出了翅膀，恢復了記憶，

原來我，來自天上。

有一天，我會飛翔，回到我原來出發的方向。

維希小語：

奉獻是我的使命，療癒是我的功課，

因為我是維希，維繫著眾人的希望！

逆境

逆境，是老天爺給我來到世間的見面禮。

這一份禮物，在當時我是非常厭惡的，非常痛恨的。但是，多年後我卻越來越喜歡這個禮物，並且感激祂，讚揚祂。

沒有這份禮物，我沒有壓縮成長時間的可能。

沒有這份禮物，我沒有鍛鍊幫助自己、幫助別人的智慧與能量。

當我開始懂得感激逆境，我知道我已真的長大。雖然這一切是那麼的傷痕纍纍，是那麼多的淚灑汪洋，卻真的是蒼茫中的星鑽。

逆境是資糧，

沒有經驗必然驚慌，

沒有歷練才會徬徨。

穿越逆境的隧道，

見到的是光，走不出來，就會缺氧。

給自己紅景天般的能量，

不再害怕，

站在空氣稀薄的高山上。

感恩天地，感恩父母，感恩一路阻礙我的淒涼，就因為這樣，我有了更強大自我創造的力量。

逆境，如同風吹著風箏，

風是逆境，線是希望，風箏是未來。

我拉著一條線，風越大我越堅強，

我的信心，決心強化了希望，

風更大了，我將線放長，

遠了，高了，

這條線隨著風與箏而飛翔，

那麼有力道，那麼有方向，

就在你我都能看見的地方。

我哭了，原來風是禮物，不是傷！

維希小語：

　接受上天所給的一切，這不是宿命，而是相信上天，所有的安排都是最好的安排。

原諒

　　原諒是一門功夫，原諒是一椿智慧，原諒是最好的良藥，原諒是唯一放過自己的方法。

　　悲慘的童年，我曾經埋怨，曾經仇恨，但現在似乎只是看著前世的一幕幕，感受已經慢慢淡然。我如同忘記喝下孟婆湯，才記憶猶新傷痛一幢幢。但這些過程，如今我反思。

　　如果沒有這一切，哪來我今日的能耐？

　　我如同武俠小說裡的女俠，在惡魔島孤獨的成長，體驗人世間不應該有的不堪。我如同跌落了無名的谷底，找到了佚名的武功祕笈，練就了驚世的神功。

　　我如同在鐵達尼號沈船的剎那，望著救人的小船一步步遠去，而沒有人聽到我的呼喊。我只能在漂浮的木板，顫抖已經僵硬的身軀，奮力吸吐著冷空氣，凝結唇上的冰霜。

　　我用毫無知覺的雙手當做槳，拚命划向亮光，用已經凍結的喉嚨聲帶，發出有如水晶輕敲的聲響，堅持最後一點希望。

　　果然，我活了下來，並且如此精彩。我更懂得珍惜這一

切得來不易的生存，用這完整的歷練，分享給所有在生命中覺得孤單無助的渴望。

這樣的翻轉，我是自豪的，我何須自憐？

這樣的成就，我是驕傲的，我何必苦惱？

我練習著放下，放下我曾經以為的必然；

我練習著跳脫，跳脫所有傷痛的框架。

沒有人看管，沒有人束縛，所以我才能自由發展。

沒有人呵護，沒有人疼愛，所以我才更懂得愛是什麼。

我把我所有缺乏的，為人們開始創造；

我把我所有的傷口，為人們開始上藥；

我知道我所沒有的，就是這世間最大的需要；

我開始淡忘一切我的感受。

當然，我必須療癒自己，

我告訴自己，我根本沒有傷，

我告訴自己，我只是演出悲情戲一場，

我是靈性的療癒師，我能用愛為人們療傷，

因為我知道，

「愛是什麼」。

我寫下這本書，就是再一次檢視自己的傷口，在一字一句中緩緩讓自己全然結痂，全然復原。

我有著更多不為人知的慘痛，但我把他寫在看不到的紙張，一把原諒的火，已將他燒了精光。

我選擇原諒，

選擇用愛代替怨恨，

選擇用美好代替夢魘，

選擇用感恩代替療傷。

我沒有傷，在我選擇原諒的當下，傷已消失，全然！

維希小語：

唯有原諒，才是全世界最好的療癒處方。

傳染

我有一股傲氣，

厭惡那種瞧不起弱勢的惡習。

你說我不可以，我會證明我可以；

你說你不可以，我更想訓練你，讓你也可以。

我看不慣，自以為是的鼻息，

因為那是沒有智慧的空氣。

弱肉強食的世界裡，

我是濟弱扶傾的正義之軀，

我願提攜，我願幫助你，

只要你需要，不論你在那裡。

我有一股傲氣，

來自福爾摩沙的天地，

只要你願意，我會傳染給你。

潮汐起落，那是自然；

海浪拍打，那是自然；

隨波逐流，那是自然；

大自然不會因為你的停頓而靜止，

所以乘風破浪，享受前進而激起的璀璨浪花，

是我面對人生的選擇！

因為，那是我的自然！

有人說：「處理事情前，要先處理好心情。」

聽起來有道理，其實這只是表象的功夫。

因為，當我們專注於事情，根本沒時間理會心情。

心情會破壞事情，事情卻能創造心情。

做事情來自心念，而非心情。

心念是想法，心情是感受。

有好心念，才有好心情。

相信是支持的鼓勵，

懷疑是阻礙的祕密，

我也曾因為被懷疑，讓生命不勝唏噓，

我也曾因為被信任，重新點燃希望的火炬。

當我選擇了相信，就不會再懷疑，因為沒時間，也沒那個氣力。

當我不得不懷疑，我還是會選擇忘記，因為我願有機會讓你再度找回自己。

懷疑是病歷，相信是藥劑，

我選擇用藥劑，改造你的病歷。

只因，我愛你！

美是什麼？

第一眼衝動，第二眼心動，第三眼行動，這是表淺的美；第一眼不懂，第二眼略懂，第三眼感動，這是深層的美。

表淺的美，賞心悅目，點綴世界，賜福視覺，卻也是誘惑慾望，迷失心性的花朵，蒙蔽本心。

深層的美，歷久彌新，影響深遠，提昇靈性，卻也是智慧沉澱，無私奉獻的光芒，啟迪良善。

裡外不一的錯亂，是自我對戰的迷茫，坎坷崎嶇的蒼

桑。表淺與深層的交融，呈現的卻是引人入勝的方便之門，迎接蛻變自在的燦爛。

外在重要還是本質重要，全靠你智慧的深淺來判斷。這一篇，請你用你的心眼，深層的看。

創新來自於紮實的根基，「原始與文化」傳承的感動，比冰冷的儀器更能觸動人心底。

這就是「蝶式挽面」的緣起。

技術，不該是獨家的商機，

複製，才能將愛傳出去，

教育，不該只在自己的框架裡，

無私，方能天下盡桃李。

愛，沒有祕密！

維希小語：

我要把我的愛傳染給你，我要把我的能力傳染給你！

我的一切，只要你願意，我會全數傳染給你！

心心相印

心心時尚美學「東方美學館」，在大家的期待與祝福中誕生了。

開幕這天眾冠雲集，祝賀的朋友絡繹不絕，感恩至極。

結合東方的藝術之美，與西方的精粹之麗，在科學探究的完善中，展現古典幽芳的絢爛。

獨到的經典技藝，穿梭於心與心的重疊，呈現內外交融的美麗畫面。

這間店的緣起是幫助，方向是幫助，現在是幫助，未來也會是幫助。

我要用心心幫助需要美麗的女人，我要用心心改造女人脆弱的心，平撫受挫的靈。

我要用心心幫助需要信心的創業者，讓她們在沒有負擔的基礎中，開創自己的事業，打造自己的未來。

這裡是精益求精的創業轉運站，這裡是只有機會沒有風險的事業跳板。不需投資金錢，只需投資時間與改變的決心。改變自己的茫然，改變自己的沒自信。

我會給你方向，我會給你方法，最重要的我會給你「舞台」。我願意當你的貴人，期盼你的蛻變，然後讓你也能再當別人的貴人，讓愛不斷傳出去。

　　你的心就是我的心，你心中所願，正是我心中所想。

　　心心時尚美學正式啟動，與你心心相印，創造你從心出發的良善之美。

　　有一天，人們看到了你的美，問了「你是誰」，
　　你將自信地說，我就是「心心時尚美學」。

您感動了嗎

如果您的感動是一下子，謝謝你；

倘若您的感動不斷持續，感恩你；

假使您的感動已變成行動力，恭喜你。

感動總是不經意，轉換能量更激勵。

沒有歷練就沒有經驗，

沒有經驗就不會有遠見，

沒有鑽研細膩就無法一眼判別，沒有明白的心眼，就很難分辨真偽。

學習、淬鍊，別把玻璃當鑽戒，卻把珍寶丟一邊。

基督教為何要有禮拜天？

道家為何要拜初一、十五？

佛門為何要做早晚課？

因為總怕人們心性偏離了軌道，

因此，經常必須再把自己的本心拉回來，

而非只是儀式的祝禱。

陽光來自天空，照耀大地；

智慧來自心靈，啟迪人性。

愛，是宇宙溫柔的震撼教育。

感恩您細細品味這本書的字字句句，相信您已被本書的念力設定，融入了所有成就幸福的重要元素，並且啟動堅強、相信而有執行力。

讓我們共染宇宙的愛之光，全身充滿正能量，釋放我們的愛，照耀世界每一個需要愛的地方。

維希小語：

我是維希！我是蕭麗華！與您同在！感恩！

飛翔的一條線

作　　　者／蕭麗華
特約總編輯／許宏
責任編輯／許典春
企畫選書人／賈俊國

總　編　輯／賈俊國
副總編輯／蘇士尹
行銷企畫／張莉滎‧廖可筠

發　行　人／何飛鵬
出　　　版／布克文化出版事業部
　　　　　　台北市中山區民生東路二段 141 號 8 樓
　　　　　　電話：(02)2500-7008　傳真：(02)2502-7676
　　　　　　Email：sbooker.service@cite.com.tw
發　　　行／英屬蓋曼群島商家庭傳媒股份有限公司城邦分公司
　　　　　　台北市中山區民生東路二段 141 號 2 樓
　　　　　　書蟲客服服務專線：(02)2500-7718；2500-7719
　　　　　　24 小時傳真專線：(02)2500-1990；2500-1991
　　　　　　劃撥帳號：19863813；戶名：書蟲股份有限公司
　　　　　　讀者服務信箱：service@readingclub.com.tw
香港發行所／城邦（香港）出版集團有限公司
　　　　　　香港灣仔駱克道 193 號東超商業中心 1 樓
　　　　　　電話：+852-2508-6231　傳真：+852-2578-9337
　　　　　　Email：hkcite@biznetvigator.com
馬新發行所／城邦（馬新）出版集團 Cit　 (M) Sdn. Bhd.
　　　　　　41, Jalan Radin Anum, Bandar Baru Sri Petaling,
　　　　　　57000 Kuala Lumpur, Malaysia
　　　　　　電話：+603- 9057-8822　傳真：+603- 9057-6622
　　　　　　Email：cite@cite.com.my
印　　　刷／鴻霖印刷傳媒股份有限公司
初　　　版／2016 年（民 105）4 月
售　　　價／360 元

城邦讀書花園　　布克文化
WWW.CITE.COM.TW　WWW.SBOOKER.COM.TW